행복한 손자녀
신앙 교육

행복한 손자녀 신앙 교육

지은이 | 이영희
초판 발행 | 2023. 2. 22.
등록번호 | 제1988-000080호
등록된 곳 | 서울특별시 용산구 서빙고로65길 38
발행처 | 사단법인 두란노서원
영업부 | 2078-3352   FAX | 080-749-3705
출판부 | 2078-3331

책 값은 뒤표지에 있습니다.
ISBN 978-89-531-4428-6   03230

독자의 의견을 기다립니다.
tpress@duranno.com   http://www.duranno.com

두란노서원은 바울 사도가 3차 전도여행 때 에베소에서 성령 받은 제자들을 따로 세워 하나님의 말씀으로 양육하
던 장소입니다. 사도행전 19장 8-20절의 정신에 따라 첫째 목회자를 돕는 사역과 평신도를 훈련시키는 사역, 둘째
세계선교(TIM)와 문서선교(단행본잡지) 사역, 셋째 예수문화 및 경배와 찬양 사역, 그리고 가정·상담 사역 등을
감당하고 있습니다. 1980년 12월 22일에 창립된 두란노서원은 주님 오실 때까지 이 사역들을 계속할 것입니다.

행복한 손자녀
신앙 교육

평생의 지혜와 신앙을
마음껏 전수해 보세요

이영희 지음

두란노

차례

프롤로그 • 6

Part 1

나이 듦의 기쁨, 끝나지 않은 사명

chapter 1.   노인은 세상을 가꾸는 경작자다   • 18

chapter 2.   노인은 소비자가 아니라 창조자다   • 31

chapter 3.   하나님은 노인을 존귀한 지도자로 세우셨다   • 46

chapter 4.   손자녀에게 사랑으로 기억되기를   • 63

chapter 5.   백일과 돌잔치도 조부모 역할이 중요하다   • 87

chapter 6.   조부모는 신앙 교육의 가장 좋은 파트너다   • 106

Part 2

축복의 사명자, 내일의 건축자

chapter 7.   말씀 교육 1단계, 성경과 친해지자 • 120

chapter 8.   말씀 교육 2단계, 말씀 교사가 되자 • 132

chapter 9.   말씀 교육 3단계, 사랑으로 축복하자 • 148

chapter 10. 유대인 조부모들은 어떻게 가르칠까 • 162

Part 3

꿈꾸는 다음 세대, 같이 걷는 친구

chapter 11. 아는 만큼 쉬워지는 손자녀 돌보기 • 180

chapter 12. 반항기 손자녀와 친해지기 • 202

chapter 13. 주의 교양과 훈계로 키우기 • 217

chapter 14. 엠지세대와 잘 지내기 • 233

부록 • 249

참고 도서 • 256

"조부모님들, 손자녀 신앙 교육의 교사가 되어 주세요!"

"너희는 이 일을 너희 자녀에게 말하고 너희 자녀는 자기 자녀에게 말하고 그 자녀는 후세에 말할 것이니라"(욜 1:3).

"… 너는 그 일들을 네 아들들과 네 손자들에게 알게 하라"(신 4:9).

"곧 너와 네 아들과 네 손자들이 평생에 네 하나님 여호와를 경외하며 내가 너희에게 명한 그 모든 규례와 명령을 지키게 하기 위한 것이며 또 네 날을 장구하게 하기 위한 것이라"(신 6:2).

출애굽은 원로들에 의해 시작됐다

출애굽기 1장, 암울한 시대다. 야곱의 4대손들은 노예의 현실을 받아들이고 살아간다. 국가 독립의 꿈도 없고, 결혼하여 가정을 꾸릴 희망조차 잃었다. 현실에 안주해서 꿈꾸는 일조차 포기한 미래가 없는 세대, 절망의 세대였다. 그런데 묘한 기시감이 든다. 결혼도, 출산도 포기한 세대. 취업과 성공 신화에 매여 꿈을 포기한 세대. 무언가 열심히 땀 흘리고 애는 쓰지만 성공과 보람보다는 좌절을 맛봐야 하는 세대. 우리 시대의 젊은이들과 너무 닮았다.

놀랍게도 이 이스라엘을 바로 세우고자 나선 것은 노인들이었다. 젊은이가 아니었다. 출애굽은 이스라엘의 원로들에 의해서 시작되었다. 모세, 아론은 이미 고령층에 속해 있었다. 그들의 말을 듣고 들불처럼 일어난 이들도 노인 세대였다. 나는 여기에서 대한민국의 희망을 발견했다. 이 땅의 신앙 원로들, 한때 대한민국의 부흥을 이끌었던 세대, 그들에게 대한민국의 다음 세대를 맡겨 볼 수 있지 않을까.

원로들에겐 잠재력이 있다

온 사회가 고령화를 두려워하지만, 사실 노인이 많은 현상은 비관할 일만은 아니다. 요즘은 능력 있는 조부모가 많다. 부모는 자녀에게 값비싼 물건을 사 주지 않아도 조부모는 사 준다. 손주바보 할아버지, 할머니들이 유아용품 시장의 큰손으로 떠올랐다. 어린이날, 할아버지가 세 살 손주를 데리고 백화점에 가서 20만 원 하는 아기모자를 한 개 구입했다고 한다. 아빠랑 갔으면 꿈도 못 꿨을 일이다. 그래서 생긴 신조어가 '할류열풍'이다. 할아버지, 할머니의 '할'과

'한류열풍'을 합친 말이다. 어르신 쌈짓돈까지 털어 가는 시장 경제가 참으로 가혹하지만, 엄밀히 따지고 보면 그들의 잠재 능력이 드러나고 있는 것 아니겠는가. 그리고 그 능력이 어찌 주머니에만 있겠는가.

지금 우리 사회가 끌어안고 있는 문제들이 있다. 가장 대표적인 것이 저출산과 고령화다. 젊은 부부들은 양육 문제로 절망한다. 점점 출산을 기피하더니 이제는 결혼도 포기한다. 한편 노년층은 늘고만 있다. 아직 능력이 있고 힘이 있는데 퇴직을 종용받는다. 50대 후반에서 70대 중반은 신체적으로나 정신적으로나 아직 건강하다. 어느 정도의 안정된 경제력이 있고 살아 온 인생 경험도 풍부하다. 킥보드 한 번 타지 않고 몇십 리 길을 걸어 다니던 분들이다. 체력은 국력이라는데, 이런 분들을 문젯거리로 치부하면서 지쳐만 가는 젊은 세대에게만 노력을 강요하는 것도 못할 일 아니겠나. 지친 젊은이들을 노인이 돕는다면 어떨까. 그들의 숨은 잠재력을 살리면서 젊은이들은 짐을 덜 수 있으니, 이것이야말로 실제적인 해결 방안이 될 수 있을 것이다.

신앙 저력을 발휘하자

국가적 차원에서만의 제안이 아니다. 기독교 입장에서도 노인들, 신앙 원로들의 저력은 무시할 수 없다. 일제강점기와 6·25전쟁을 직간접적으로 체험했고, 최빈민국 시대를 살아오면서 다져진 신앙의 두께가 남다르다. 그들은 기적을 보았고 만들어 냈다. 대한민국 성령 부흥 시대와 맞물려서 하나님을 만난 분들이다. 한국 교회의 부흥 시대를 살아온 이들이 후손에게 물려주고 갈 것이 있다면 여호와를 경외하는 예수 복음의 신앙이다. 그들이 지닌 신앙 저력을 묻어 두는 것은 기독교계는 물론 하나님 나라의 손실이다.

하나님이 한국 교회 원로들에게 명령한 것은 손자녀의 신앙 양육 프로젝터가 되라는 것이다. 과거에는 부모들이 조부모와 함께 살며 양육의 도움을 받았으나, 핵가족시대인 요즘은 양육의 짐을 오롯이 부모가 떠안고 있다. 하나부터 열까지 어떻게 해야 할지 몰라 쩔쩔 맨다. 돈 버는 것보다 아이 키우는 게 더 힘들다고 한다. 그래서 자연스럽게 어린이집, 유치원, 온갖 교육 전문 기관들이 생겨나 아이를 맡아 준다. 돈을 지불하려면 부모는 열심히 일을 해야 한다. 그 사이 부모와 자녀 간, 조부모와 손자녀 간 소통은 끊어진다. 이 끊어진 세대 간 갈등을 회복시킬 열쇠는 조부모의 손에 있다.

하나님은 아삽의 입을 통해서 이 땅의 원로들에게 돈 잘 쓰는 소비자가 아니라 자손 교육으로 생명을 살리는 창의적 생산자가 되라고 하신다.

"[2] 내가 입을 열어 비유로 말하며 예로부터 감추어졌던 것을 드러내려 하니 [3] 이는 우리가 들어서 아는 바요 우리의 조상들이 우리에게 전한 바라 ⁴ 우리가 이를 그들의 자손에게 숨기지 아니하고 여호와의 영예와 그의 능력과 그가 행하신 기이한 사적을 후대에 전하리로다 ⁵ 여호와께서 증거를 야곱에게 세우시며 법도를 이스라엘에게 정하시고 우리 조상들에게 명령하사 그들의 자손에게 알리라 하셨으니 ⁶ 이는 그들로 후대 곧 태어날 자손에게 이를 알게 하고 그들은 일어나 그들의 자손에게 일러서 ⁷ 그들로 그들의 소망을 하나님께 두며 하나님께서 행하신 일을 잊지 아니하고 오직 그의 계명을 지켜서 ⁸ 그들의 조상들 곧 완고하고 패역하여 그들의 마음이 정직하지 못하며 그 심령이 하나님께 충성하지 아니하는 세대와 같이 되지 아니하게 하려 하심이로다"(시 78:2-8).

이러한 결단이 하나님을 위한 것 같지만 사람이 얻어 가는 득이 더 많다. "오직 하나님은 우리의 유익을 위하"(히 12:10)시고, 우리가 잘되기를 바라신다. 지적 활동은 뇌를 젊어지게 한다. 공부한 것을 써먹을 곳이 있다는 것은 또 얼마나 다행인가. 생기발랄한 젊은 손자녀를 가르치면 생명이 연장된다고 하셨다(신 6:2-3). 손자녀에게 남은 시간을 쓰자. 그것은 곧 우리의 미래, 즉 영생을 준비하는 길이기도 하다.

증조부모(great-grandparent), 조부모(grandparent), 손자녀(grandchild), 증손주(great-grandchild)는 이름 그대로 위대한(grand)그룹이다. 조부모와 손자녀가 연대의식을 가지고 하나님(GOD)과 힘을 합치면 사회에 공헌

하는 인물을 만들어 낼 수 있다. 그 잠재력을 신앙 교육에 쏟으면 손자녀의 인성은 신앙으로 바로잡히게 될 것이다.

사실 이 시대에 조부모만큼 손자녀 신앙 교육에 적합한 인물이 없다. 마커스 리 한센(Machus Lee Hansen)은 역사에서 한 가지 이치를 발견했는데, "아들이 잊기를 바랐던 것을 손자는 기억하길 바란다"는 것이다. 마치 열성인자가 한 세대를 걸러서 나타나듯이, 아들은 종교 생활을 버렸는데 손자는 아버지가 잊은 것을 기억해 내려고 한다. 그러다 보니 손자녀와 조부모는 알게 모르게 많이 닮았다. 모르긴 해도 마음이 통하는 구석이 많을 것이다.

게다가 비대면 사회로의 전환이 이루어지고 있는 지금, 한국 기독교 부흥을 이끈 이 시대 권사님 장로님들만큼 비대면 접촉에 능숙한 사람이 없다. 모세 시대 이후로 보이지 않는 하나님을 비대면 접촉으로만 섬겨 온 분들이다. 이들이야말로 비대면 소통의 달인들이다. 이런 분들의 비대면 양육 기도는 시공간을 초월한다.

노인대학을 손자녀 신앙교육학교로 업그레이드 한다

교회마다 노인대학이 있다. 노인들을 대접하고 섬기는 사역을 위주로 한다. 이 책은 노인대학 프로그램을 "손자녀의 영혼 구출 사역"으로 업그레이드하여 현재를 미래 세대와 결속하고자 하는 내용을 담았다. 이 책은 세 개 단원으로 나누었다.

Part 1은 이 시대 50~70대 원로들이 받은 교육 사명에 관하여 담았다. 그들은 여호와의 영예와 능력과 그분이 행하신 기이한 사적을 후대에 전하는 사명을 받았다. 미래 세대의 번영을 일으키는 축복받은 자들이다. 노인 세대를 향한 하나님의 마음을 성경에서 찾아 정리했고 자부심을 갖고 받은 소명을 감당하도록 격려했다.

Part 2는 본격적인 말씀 교육의 실제를 담았다. Part 1이 "왜?"라는 질문에 관한 답이라면, Part 2는 "어떻게?"라는 질문에 답을 제시한다. 이미 조부모에게는 말씀 교육자의 사명과 저력이 있으니 걱정 말고 따라해 보자는 격려도 잊지 않았다. 사실 손자녀 양육이라고 하면 너무 광범해서 그 프로세스를 가늠하기 어렵다. 여기서는 청소년기까지 범위를 넓히긴 했으나 어른들의 손을 가장 필요로 하는 영아기로부터 초등전기의 손자녀 돌봄에 비중을 많이 두었다.

Part 3은 세대 간의 갈등을 해소하기 위해 어떤 노력을 해야 할지에 관하여 담았다. 100년이 되지 않는 시간 동안 빠르게 성장한 우리나라는 한 세기 안에 전통적인 근로 세대부터 AI 중심의 스마트 세대가 함께 살고 있다. 세대 간의 차가 크다 보니 바라보고 해석하는 관점이 달라서 가정은 물론 나라가 늘 시끄럽다. 이런 세상에서 교육 대상을 아는 만큼 양육은 쉬워진다. 과거는 현재와 연결되고 현재에 미래가 있다. 세대 차라는 갭을 줄이고 문화에 대한 적응력을 기르려면 그들의 세계와 자기 세계를 자연스럽게 오가야 한다.

하나님의 생각을 귀담아들어 보니

이 책을 시작하고 마무리하는 내내 나는 나 스스로에게 이런 질문을 던지곤 했다. '사회적으로 할류열풍이라는 말이 유행할 정도로 이미 조부모가 손자녀의 육아 전선에 많이 투입되어 있다. 게다가 아이 양육을 조부모에게 맡기자는 합리적인 제안들과 자료들도 얼마든지 있다. 오히려 그 때문에 노인들이 남은 인생을 즐기지 못하고 죽는 그 순간까지 자식을 위해 올인하는 부작용까지 생기는 실정이다. 과연 여기에 나까지 '신앙'이라는 이유로 가세할 필요가 있을까? 교회가 운영하는 실버대학은 퇴직금 관리, 투자, 상속법 같은 세련되고 현실적인 과목을 주 교과로 다루는데 내가 다루는 손자녀 신앙 교육이라는 성경의 방식은 시대에 뒤떨어진 구태의연한 방식이 아닐까?'

나는 이 질문의 답을 성경에서 찾으려고 애썼다. 하나님의 생각을 귀담아들어 보고자 했다. 그리고 바울이 가졌던 확신처럼 나도 '자기의 기쁘신 뜻을 위하여 내 안에 소원을 두고 행하시는 하나님'을 신뢰하기로 했다(빌 2:13 참고).

집필을 마치고 나니 할아버지 할머니뿐 아니라 유소년기 자녀를 둔 부모들도 이 책이 필요하겠다는 생각이 든다. 아마도 독자들은 "이렇게 많은 분량을 어떻게 손주에게 다 가르치지?"라고 생각할지 모른다. 차린 음식은 많을수록 좋은 게 아닌가. 할 수 있다고 생각되는 것을 골라서 하기 바란다. 기본 재료를 바탕으로 하다 보면 창의적인 노하우도 개발될 것이다.

부록에는 백일, 돌 예배에 들려줄 축복 말씀과 손자녀 신앙 교육 주제가, 가문의 축복송 등을 모아서 정리했다. 틈틈이 이 말씀들을 읽고 기억해 두었으면 해서다.

교회가 할아버지 할머니들의 손자녀 신앙 양육에 관심을 갖고 그분들에게 교육 멍석만 깔아 준다면 우리 시대의 교육 공백을 해갈하는 단비가 될 것으로 본다. 생명을 살리는 창의적 생산자가 되어 손자녀 신앙 교육의 붐을 일으키길 기대한다.

2023년 2월
이영희

행복한 손자녀
신앙 교육

Part 1

◇

나이 듦의 기쁨,
끝나지 않은 사명

chapter 1

노인은 세상을 가꾸는 경작자다

✻
♥

오래 사는 것이 축복일까

나는 가끔 동네 노인정에 들르곤 하는데, 한번은 93세 할머니가 이런 하소연을 하셨다.

"내가 아들 셋, 딸 셋을 낳았어. 중간 딸은 나이 오십을 못 살고 일찍 세상을 떠났고 큰아들하고 살아. 우리 큰애가 얼마나 효심이 지극한지 말도 못 해. 그런데 그 아들이 요즘은 내가 죽기를 바라는 눈치야. 나도 빨리 죽고 싶은데, 그게 내 맘대로 되지 않으니 어쩌면 좋아."

이런 하소연은 비단 이 할머니만의 이야기가 아닐 것이다. 흔히들 노인이 되면 "오래 살아 봐야 눈치만 보이니 어서 죽어야지"라는 말을 쉬이 한다. 자식에게 짐이 되지 않으려는 것이 부모 마음이라 지만, 서글픈 일이다. 물론 노인을 그저 부양해야 할 대상으로만 본 다면 자식 처지에서는 힘들 수 있다. 그러나 노인 스스로 그렇게 생 각한다면 인생이 비참해질 뿐이다. 설령 자녀에게 신세를 진다고 해 도 따지고 보면 그들에게 예치해 둔 투자금을 쓰는 것 아니겠는가. 그러나 자식이 고생하며 흘린 땀으로 먹고살아야 하는 처지라 비관 하다 보면 정말이지 살아 있는 것이 미안해질 수 있다.

예부터 일흔 살 사는 것이 드물다 해서 "인생칠십고래희(人生七十古 來稀)"라고 했다던데, 이제는 100세 시대라는 말이 당연시되고 있다. 65세에 진입하는 인구가 해마다 70~80만 명씩 늘고 있다는 뉴스 기사를 보았다. 네 명의 생산인구가 한 명의 노인을 부양하게 될 것 이라고 한다. 국민연금도 고갈될 것이다. 노인들은 계속 일하고 싶 은데, 일자리가 없다. 젊은이들은 노인 부양에 겁을 먹고, 노인들은 눈치 보며 오래 사는 것이 염치없다고들 한다.

가족과 헤어져서 양로원에 들어가 외롭게 산다면 어찌 장수를 축 복이라 하겠는가. 병실에 누워서 천정만 멀거니 쳐다보며 사는 인 생, 삶의 질이 심각하게 떨어진 생존은 축복이 아니라 고통이다. 이 제는 오래 살까 봐 두려워하는 노년이 많아지고 있다. 요즘 사회적 으로 안락사 문제가 거론되는 것도 이런 관점에서다. 그러면 성경은 장수에 대해 어떻게 말하고 있을까?

"¹⁶ 그의 오른손에는 장수가 있고 그의 왼손에는 부귀가 있나니 ¹⁷ 그
길은 즐거운 길이요 그의 지름길은 다 평강이니라"(잠 3:16-17).

성경에서 장수와 부귀는 늘 한 세트다. 장수가 재앙이 아니라 신
의 축복으로 분류된다는 말이다. 성경이 수차례 반복하는 말이 있
다. "… 너와 네 후손이 복을 받아 네 하나님 여호와께서 네게 주시
는 땅에서 한 없이 오래 살리라"(신 4:40), "… 복이 너희에게 있을 것
이며 너희가 차지한 땅에서 너희의 날이 길리라"(신 5:33), "… 네 날을
장구하게 하기 위한 것이라"(신 6:2) 같은 말이다. 하나님은 늘 이스라
엘 백성에게 복되고 행복한 장수를 약속하셨다.
성경은 복을 누리며 장수하는 비결로 다섯 가지 조항을 가르친다.
첫째, 부모를 공경하는 것이다.

"너는 네 하나님 여호와께서 명령한 대로 네 부모를 공경하라 그리하
면 네 하나님 여호와가 네게 준 땅에서 네 생명이 길고 복을 누리리
라"(신 5:16; 출 20:12, 엡 6:1-3 참고).

둘째, 자녀와 손자녀에게 여호와를 경외하는 것과 신앙을 교육하
는 것이다.

"² 곧 너와 네 아들과 네 손자들이 평생에 네 하나님 여호와를 경외하

며 내가 너희에게 명한 그 모든 규례와 명령을 지키게 하기 위한 것이
며 또 네 날을 장구하게 하기 위한 것이라 ³ 이스라엘아 듣고 삼가 그
것을 행하라 그리하면 네가 복을 받고 네 조상들의 하나님 여호와께
서 네게 허락하심 같이 젖과 꿀이 흐르는 땅에서 네가 크게 번성하리
라"(신 6:2-3).

셋째, 자비를 갖고 살면서 출산으로 자손을 번성시키는 것이다.

"어미는 반드시 놓아 줄 것이요 새끼는 취하여도 되나니 그리하면 네
가 복을 누리고 장수하리라"(신 22:7).

넷째, 공정하게 행하는 것, 즉 공의다.

"오직 온전하고 공정한 저울추를 두며 온전하고 공정한 되를 둘 것이
라 그리하면 네 하나님 여호와께서 네게 주시는 땅에서 네 날이 길리
라"(신 25:15).

다섯 째, 건강한 먹거리를 먹는 것, 즉 섭생이다.

"너는 피를 먹지 말라 네가 이같이 여호와께서 의롭게 여기시는 일을
행하면 너와 네 후손이 복을 누리리라"(신 12:25).

프랑스 소설가 앙드레 지드(Andre Gide)는 "늙기는 쉬워도 아름답게 늙기는 어렵다"고 했다. 아름답게 늙으려면 어떻게 해야 할까. 공자는 군자가 경계해야 할 세 가지를 말했는데, 젊은 시절에는 혈기가 안정되어 있지 않으므로 여색을 경계해야 하고, 장성해서는 혈기가 왕성하므로 싸움을 경계해야 하며, 늙어서는 혈기가 쇠약해지므로 탐욕을 경계해야 한다고 했다. 탐욕을 미워하면 장수한다(잠 28:16). 또 여호와를 경외하면 장수한다(잠 10:27).

그런데 성경은 여호와를 경외하면 장수한다고 하면서도, "죄인은 백 번이나 악을 행하고도 장수"(전 8:12; 욥 21:7 참조)한다고 말한다. 이것은 모순 아닌가. 그러나 장수라고 다 같은 장수가 아니다. 여호와가 주시는 장수는 따로 있다. 하나님을 경외하며 사람을 섬기기 위해 오래 사는 것이다. 솔로몬이 "자기를 위하여 장수하기를 구하지 아니하며 부도 구하지 아니하며 자기 원수의 생명을 멸하기도 구하지 아니하고 오직 송사를 듣고 분별하는 지혜를"(왕상 3:11) 구했다고 했다. 그런 솔로몬에게 하나님은 "구하지 아니한 부귀와 영광도 네게 주"(왕상 3:13)겠다고 하셨다. 하나님이 기뻐하시는 사람은 궁극적으로는 부귀영화를 누리며 장수하는 사람이 아니라 백성을 사랑하고 억울한 사람이 없도록 보살피고 여호와의 법도와 명령을 지키는 사람이다. 그런 사람이 장수해야 세상이 평화롭기 때문이다.

또 하나님은 솔로몬에게 "네가 만일 네 아버지 다윗이 행함같이 내 길로 행하며 내 법도와 명령을 지키면 내가 또 네 날을 길게 하리라"(왕상 3:14)라고 하셨다. 그러므로 악인의 장수와 형통은 절대 부러워하지 말라고 하셨다. 그와 함께 있다가 날벼락 맞을 수 있으니 경계해야 한다고 성경은 거듭거듭 경고한다(잠 3:31, 23:17, 24:1, 24:19 참고).

다시 말해 하나님이 말씀하신 장수는 여호와가 주신 땅에서, 그분의 말씀을 따르며 오래 사는 것이다. 그 땅은 복지가 잘된 세상으로, 넓게는 '새 하늘 새 땅'이다. 그러니 이렇게 생각해 보면 어떨까? 노인은 현재의 낡은 세상을 새 하늘 새 땅으로 가꾸는 경작자다!

가정과 세상에서 노인의 역할은 뭘까

좀 더 구체적으로 세상에서 노인의 역할을 생각해 보자. 사도행전 2장 17절은 "너희의 젊은이들은 환상을 보고 너희의 늙은이들은 꿈을 꾸리라"라고 했다. 이 말이 참 이상하다. 노인들이 환상을 보고 꿈은 젊은이들이 꿔야 하는 것 아닌가. 그러나 출애굽 역사는 독립을 꿈꾸는 노인들에 의해서 이뤄졌다.

성경은 노인을 인체의 팔에 비유한다. 하나님이 엘리 집안을 심판하실 때 이런 말씀을 하신다.

"³¹보라 내가 네 팔과 네 조상의 집 팔을 끊어 네 집에 노인이 하나도 없게 하는 날이 이를지라 ³²… 네 집에 영원토록 노인이 없을 것이며"(삼상 2:31-32).

영어 성경(NASB)은 팔을 힘(strength)이라고 번역했다. 아기가 부모에게 "안아 줘, 업어 줘"라고 매달리는데 어루만지고 안아 줄 팔이 없다면 그 심정이 어떻겠는가. 노인이 없는 세상이 그와 같다. 공경할 부모가 없다면 하늘의 축복이 올 길이 없어진다. 하나님을 경외하는 노인들에게 하늘이 내려 주시는 하사품을 받아오는 역할이 주어졌다. 팔을 끊는다는 말은 하늘의 공급이 끊긴다는 뜻이다. 엘리의 자손들은 "은 한 조각과 떡 한 덩이"(삼상 2:36)를 구걸하는 신세가 되었다. 하늘이 내려 주는 축복을 받아 올 노인이 없었기 때문이다. 노인이 없는 세상에서는 이런 장애가 발생한다.

에스겔 27장에서는 인생을 항해에 비유하면서 노인들을 "배의 틈을 막는 자"라고 묘사했다.

"그발의 노인들과 지혜자들이 네 가운데에서 배의 틈을 막는 자가 되었음이여 바다의 모든 배와 그 사공들은 네 가운데에서 무역하였도다"(겔 27:9).

사공들, 즉 젊은이들이 열심히 무역해 많은 짐을 실었더라도 배에 구멍이 나면 배가 가라앉는 것은 물론이거니와 그동안 애쓴 것들이 무용지물이 된다. 그런데 젊은이들은 앞만 보고 항해하느라 바쁘다. 그러다 보면 미처 보지 못하는 틈새가 생기게 마련이다. 그럴 때 배의 틈을 막는 자가 바로 "노인들과 지혜자들"이다. 히브리인의 사상에서 '지혜자'란 나이든 원로들을 뜻한다(신 32:7 참고). 다시 말해 젊은이들의 안전을 위해서 틈을 막는 일이 노인의 몫이며 역할이라는 말이다.

결혼하고 가정을 꾸린 젊은이들은 한꺼번에 폭풍처럼 몰아닥친 삶의 무게로 버겁다. 결혼 전의 멋진 자화상은 온데간데없어지고 늘 수면 부족으로 멍때리며 하루를 종종걸음으로 산다. 낯선 살림살이, 부부간 관계, 아직은 서먹한 양가 부모님과 친척들 간의 긴장감, 주택, 양육, 직장 일까지. 자녀는 여호와가 주시는 기업이고 상급(reward)이니 여러 명의 기업을 가진 부모야말로 횡재(?)한 셈인데(시 127:3), 배에 틈이 생긴 것도 모른 채 그저 앞만 보고 속력을 낸다.

그렇다고 배에 난 틈을 어찌 젊은 세대 탓만 하겠는가. 젊은이들은 저출산이다 뭐다 하며 떠들어 대는 세상에 "아이 키우는 일만 해결되면 더 낳겠다"고 말한다. 그만큼 아이 키우기가 쉽지 않다는 말이다. 옛날이야 육아와 집안일은 여자가, 바깥일은 남자가 했다지만, 요즘은 어디 그런가. 여자들도 바깥일로 바쁘다. 부부가 같이 돈 벌어도 먹고살기가 빠듯하다. 누가 아이를 부모 손으로 키워야 가장 좋다는 사실을 모르겠는가. 기관에 아이를 맡기는 것이 최선의 방법이 아님을 알지만 어쩔 수 없이 이 방법을 선택하고 직장에 나간다. 워킹맘이라면 누구나 어린이집 문 앞에서 흘리는 눈물을 이해할 것이다. 이렇게 젊은이들은 인생의 항해에서 노 저으랴 아이 잡으러 다니랴 정신이 없다. 그러는 와중에 조부모는 낚시나 하고 풍류를 즐기고 다니면 주책 소리 들어도 싸다.

어쩌면 배의 틈을 막는 노인과 지혜자들의 역할이, 조부모로서 손자녀를 지키는 사역일 수 있다. 아이들이 돌아다니며 배의 틈을 더 만들지 못하도록 지키는 것만 해도 그게 어딘가. 벌어진 틈을 메워서 안전하게 항해하도록 도와주면 결국 노인도 자기 생명을 지키는 길이 된다. 그렇다고 노부모를 땜질하는 수선공으로 생각하라는 말이 아니다. 사치와 낭비로 여기저기 뚫어 놓은 경제의 틈새들을 노부모에게 땜질하라고 떠맡겨서도 안 될 것이다.

손자녀의 영혼을 돌봐 주라

영아부 사역자 한 분이 유년부 아이의 엄마와 나눈 대화를 들려주었다. 모처럼 만나 가족의 안부와 시모 되는 권사님의 안부를 물었다고 했다. 그러자 아이 엄마가 대뜸 "나는 우리 시어머니가 싫어요!" 하더란다. 그녀는 아이를 키우며 직장에 다니는 워킹맘이었는데, 시어머니에게 손녀딸 좀 봐 달라 했더니 "애, 네 애 네가 봐라" 하더라는 것이다. 그러고는 수영장을 갔단다.

한번은 놀이터에 놀러 나간 아이를 잃어버렸다. 온 동네를 헤매고 다니다가 결국 아이를 찾기는 했지만, 그다음 날 시어머니는 혹시나 아이 엄마가 아이를 맡길까 봐 아침 일찍 나갔다가 저녁에야 들어오더란다. 아이 엄마는 몇 년이 지나서도 그 일을 잊지 못하고 원망만 키우고 있었다.

아직 젊은 엄마가 아이를 잃었을 때 그 심정이 어땠겠는가. 하늘이 무너진다는 말이 딱 맞았을 것이다. 그러는 와중에 시어머니가 한 "네 애 네가 봐라" 하는 말이 얼마나 가슴에 못 박힐 소리였을지 알 것도 같다. 한편으로는 권사님이 왜 그러셨을까 생각도 해 봤다. 아마도 손자녀 봐줬다가 좋은 소리 못 들었던 건 아니었을까? 그렇다면 고부간에 서로 마음이 닫혀 있는 상황일 테니 더 마음 아픈 일이다.

만약 아이 엄마가 권사님인 시어머니에게 "어머니, 손녀딸 영혼 좀 돌봐 주세요"라든지, "아이를 위해 기도해 주세요"라고 부탁했다면 어땠을까? 혹은 "어머님이 손녀딸을 축복해 주시면 하나님이 빨리 들어주실 것 같아요"라고 했더라면, 권사가 되어서 "애, 네 애 영혼은 네가 돌봐라" 하지는 못했을 것 같다. 권사 체면에 손주 영혼 돌봐 주다 보면 저절로 손주가 사랑스러워지고 양육에 더 관심을 두게 되지 않았을까.

자녀를 축복해 주겠다는데 싫어할 부모가 어디 있겠는가. 요즘 부모들은 돈 버느라 바빠서 기도할 시간도 없다. 거기다 젊은 부모가 시설보다 조부모에게 아이 맡기기를 원하는 것은 경제적인 이유보다도 세상에서 믿을 만한 사람이 조부모뿐이라는 믿음 때문이기도 하다. 그 신뢰만큼 누구보다도 조부모가 손자녀의 신앙을 염려하면 좋겠다. 손자녀를 위해 기도하다 보면 사랑도 커진다.

초등학교 5학년 아들을 둔 엄마의 하소연을 들었다. 아이가 어릴 때는 직장을 다니며 제대로 돌봐 주지 못하다가 5학년이 되는 무렵 직장을 그만두게 되어 집에서 지내는 시간이 많아졌고, 자연스럽게 아이에게 관심을 갖기 시작했다고 한다. 그러던 어느 날 아들이 버럭 화를 내며 "엄마는 내가 필요할 때는 집에 없더니 이젠 내가 다 알아서 하는데 왜 이제 와서 간섭하고 잔소리하세요? 난, 이제 엄마가 필요 없어요!"라고 대들더란다.

엄마 손이 필요한 시기를 놓친다는 것은 두 사람 모두의 미래를 잃는 것이다. 그 어린 시절부터 어린이집, 유치원, 온갖 학원을 떠돌며 지내면서 마음에 얼마나 큰 틈이 생겼겠는가. 그렇다고 이것을 어찌 엄마 탓만 할 수 있겠는가. 가정에는 아이의 영혼과 신앙을 염려하는 어른이 있어야 한다. 이럴 때 조부모가 배의 틈을 막는 노인과 지혜자의 역할을 해 줄 수 있다면 손자녀도 마음의 빈자리를 조금이나마 채워 나갈 수 있을 것이다.

조부모는 어디까지나 도와주는 역할이다

조부모가 손자녀의 영혼을 돌봐 주어야 한다는 말이, 손자녀의 육아 전반을 떠맡으라는 말은 아니다. 요즘에는 아이를 방치하고 조부모에게 떠넘기듯 하는 무책임한 부모도 많다.

그러나 냉정히 말해서 내 아이의 양육을 조부모가 맡아 해 줄 것이라고 기대하지 말아야 한다. 그럴 권리가 아이의 부모에게는 없다. 조부모는 어디까지나 도와주는 역할이다. 조부모에게 아이를 맡아서 양육할 것을 요구했다가 거절당했다고 해서 유감을 가진다면 조부모를 자신이 부리는 소유물로 여긴 것에 불과하다. 조부모에게는 거절할 권리가 있다.

그 밖에도 아이의 부모가 조부모에게 자녀 양육을 부탁할 때 가져야 할 몇 가지 원칙이 있다. 조부모에게 아이를 맡기면 그의 신앙 육아법을 존중해 드린다. 양육비는 미루지 말고 부모님이 찾아 쓰시기 편한 방법으로 드린다. 아이에게 들어가는 돈과 부모님의 용돈은 따로 구분해서 드린다. 부모님에게 드리는 돈을 아까워하지 않는다 (예터지기 행복학습센터 강의안 참고).

창세기 2장 24절에는 "이러므로 남자가 부모를 떠나 그의 아내와 합하여 둘이 한 몸을 이룰지로다"라는 기록이 있다. "부모를 떠나"라는 것은 경제적, 정신적으로, 그리고 엄밀히는 자녀 양육에서도 부모를 의존하지 말고 거리를 두라는 의미이다. 성경은 자녀 양육의 책임에 부모를 항상 앞에 둔다. 그다음이 아이의 조부모다.

> "모든 나라가 그와 그의 아들과 손자를 그 땅의 기한이 이르기까지 섬기리라…"(렘 27:7).
> "⁹ … 너는 그 일들을 네 아들들과 네 손자들에게 알게 하라 ¹⁰ … 그들이 세상에 사는 날 동안 나를 경외함을 배우게 하며 그 자녀에게 가르

치게 하리라 하시매"(신 4:9-10).

"⁶ 오늘 내가 네게 명하는 이 말씀을 너는 마음에 새기고 ⁷ 네 자녀에

게 부지런히 가르치며…"(신 6:6-7).

부모는 자녀 양육의 첫 번째 의무자다. 이 순서를 염두에 두고, 이

책에서는 조부모들에게 손자녀 신앙 교육 사명을 드리고자 한다.

나는 노인이 되어서 청력을 얻었네

예전에는 그냥 귀만 가지고 있었는데

그리고 시력을 얻었네

예전에는 그냥 눈만 가지고 있었는데

이제 시간을 아껴 살고 있네

예전에는 그냥 지나가는 세월이었는데

그리고 진리를 알았네

예전에는 그냥 학문적인 지식만 알았었는데.

-"나는 노인이 되어서", 헨리 데이비드 소로(Henry David Thoreau)

chapter 2

노인은 소비자가 아니라 창조자다

✳
♥

하나님 주신 인생에 은퇴란 없다

하나님은 사람에게 장수하고픈 욕구를 주시면서 죽는 날은 숨기셨다. 그래서 인간은 언제 죽을지도 모르면서 죽는 날까지 밭을 일구고 수확해야 입에 풀칠하며 살 수 있다. 아무리 부를 축적해도 내가 쓰지 못하고 갈 수도 있다. 하나님은 그것을 모르게 하셔서 일생 남을 위해 일하고 가게 하신다.

랍비 다니엘 라핀(Daniel Lapin)은 히브리어에 없는 단어 중 하나가 '은퇴'라고 말한다. 은퇴란 단어의 말뜻을 설명할 수는 있지만 상상하기가 거의 불가능하다고 해서 히브리인들은 이를 존재하지 않는 단어로 취급한다는 것이다. 그는 또 "부를 생산하는 인간의 잠재력에는 만기일이 없다"라고 한다. 그의 말처럼 일을 하는 노인은 소비자가 아니라 창조자다. 인간의 정신적인 잠재력은 나이가 들수록 계속 커질 수 있다. 죽기 전에 하고 가야 할 '남 좋은 일' 중 하나가 여호와를 경외하는 도를 자녀와 손자녀에게 가르치는 신앙 교육이다. 자식들 집 오가며 살림 맡아 하는 것과 손자녀를 무릎에 앉혀 놓고 성경 읽어 주고 오는 것, 어떤 것이 쉽겠는가?

하나님은 손자녀(Grandchild)를 교육하는 조부모(Grandparent)에게 권위와 존경, 위엄(Grandeur)을 인증하셨다(민 11:16, 25 참고). 하나님은 교육 현장에 조부모의 인력, 즉 위엄을 투입하라고 하신다. 하나님이 조부모에게 맡기신 일 중 하나가 바쁘게 사는 젊은 부모를 신앙으로 붙들어 매고 손자녀와 놀아 주고 업어 주고 안아 주고 먹이고 여호와를 경외하라고 가르치는 교육 사역이다. 이것은 행복한 장수의 비결이기도 하다.

요즘은 손자녀와 조부모의 여행 상품이 유행이라고 한다. 손자녀와 함께 성지순례를 가자. 여행 기간 내내 성경 공부와 기도로 화끈하게 부흥회하고 오자. 하나님은 "내가… 독수리 날개로 너희를 업어 내게로 인도하였"(출 19:4)다고 하셨는데, 우리는 비행기로 인도해 보는 것이다. 이를테면 '그랜드 투어'다.

예수님은 "묵은 포도주를 마시고 새것을 원하는 자가 없나니 이는 묵은 것이 좋다 함이니라"(눅 5:39)라고 하셨다. 쓸모 있는 연장은 버림받지 않는다. 욥기 5장 7절에 "사람은 고생(trouble)을 위하여 났으니"라고 말한다. 유대인들은 이 말을 "사람은 일하기 위해 났으니"라고 해석한다. 뒷방 노인이 아니라 누군가 다른 사람을 돌보고 있다는 것은 생산적으로 일한다는 말이다. 자녀에게 도움 주는 입장에 서면 도움을 받을 때보다 떳떳하고 당당하다. 하나님이 노인들에게 손자녀를 교육하라고 명령한 것은 늙어서도 도움을 주는 사람으로 떳떳하고 당당하게 살라는 의미일 것이다.

노년에 왜 외롭다 하는가

손자녀 돌보며 사는 김 모 할머니는 동창을 만나면 이렇게 말한단다.

"얘, 너희는 다 은퇴했지? 나는 현직이다!"

"뭐라고? 너 취직했어?"

"응, 나 요즘 손자녀 돌봐!"

하나님은 왜 나이 든 사람더러 자기를 경외하는 도를 자녀와 손자녀에게 가르치라고 그토록 재촉하실까?(신 6:2) 그분의 명령을 우리 입장에서 생각해 보자. 인간은 나이가 들면 육체와 정신이 쇠락해지기 마련이다. 그래서 이런저런 보약도 지어 먹고, 운동도 한다. 젊은 날을 열심히 살았다면 노년이 되어 생활의 여유가 생겨서 적당히 여가생활을 즐길 수도 있다. 나라에서는 연금도 준다. 100세 시대가 그렇게 나쁘지만은 않다.

그런데 돈도 여유도 있지만 없는 것이 있다. 바로 말벗과 일자리다. 많은 노인이 말동무가 없어 외롭게 지내다가 우울증에 걸린다고 한다. 노인 자살률이 해마다 증가한다. 사실 노년에 건강을 유지하는 최상의 영양제는 말벗과 일자리다. 그러니 하나님이 손자녀에게 여호와의 도를 가르치라고 명령하신 것은, 노인이 되어서도 지적인 활동을 지속하라는 것이다. 지적 노동의 일감을 주셔서 정신줄을 놓지 않게 하시고, 말동무를 주셔서 외롭지 않게 하신 것이다.

손자녀를 교육하기 위해서 어디 멀리 유학을 가서 배워 오라는 것도 아니고, 수억 원의 수업료를 내라는 것도 아니다. 내 입에 있고 마음에 있는 것을 손자녀에게 가르치라고 하신다. 아는 것, 내가 가진 것을 전수하라고 하니 얼마나 쉬운가.

"[11]내가 오늘 네게 명령한 이 명령은 네게 어려운 것도 아니요 먼 것도 아니라 [12] ⋯ 누가 우리를 위하여 하늘에 올라가 그의 명령을 우리에게로 가지고 와서 우리에게 들려 행하게 하랴 할 것이 아니요 [13] 이것이 바다 밖에 있는 것이 아니니 네가 이르기를 누가 우리를 위하여 바다를 건너가서 그의 명령을 우리에게로 가지고 와서 우리에게 들려 행하게 하랴 할 것도 아니라 [14] 오직 그 말씀이 네게 매우 가까워서 네 입에 있으며 네 마음에 있은즉 네가 이를 행할 수 있느니라"(신 30:11-14).

"네 입에 있으며 네 마음에 있는 것"이 뭘까? 바울은 로마서에서 그것이 믿음의 말씀, 곧 구원의 복음이라고 설명했다.

"⁸그러면 무엇을 말하느냐 말씀이 네게 가까워 네 입에 있으며 네 마음에 있다 하였으니 곧 우리가 전파하는 믿음의 말씀이라… ¹⁴ 그런즉 그들이 믿지 아니하는 이를 어찌 부르리요 듣지도 못한 이를 어찌 믿으리요 전파하는 자가 없이 어찌 들으리요 ¹⁵ 보내심을 받지 아니하였으면 어찌 전파하리요 기록된 바 아름답도다 좋은 소식을 전하는 자들의 발이여 함과 같으니라"(롬 10:8, 14-15).

믿지 아니하는 손주가 듣지 않으면 어찌 부르겠는가. 듣지도 못한 아이가 어찌 믿을 수 있겠는가. 전파하는 자가 없는데 어찌 듣겠는가. 보내심을 받지 않으면 어찌 전파하겠는가. 좋은 소식을 전하려고 아들, 딸, 사위, 손자를 만나러 다니는 할아버지와 할머니의 발, 아름답지 않은가!

"… 이 좋은 편을 택하였으니 빼앗기지 아니하리라 하시니라"(눅 10:42).

손자녀 신앙 교육은 젊은 세대와 노인 세대, 하나님과 인간이 서로 윈윈(win-win)하는 최상의 전략이다. 우리는 여호와 하나님의 명령을 준행하므로 그분을 기쁘시게 해 드리고 그의 명령을 전하고 듣는 관계에서 세대와 세대 간의 상호 결속력이 강화된다. 그리하면 미래 세상은 번영으로 다져진다. 하나님이 내신 아이디어는 인간에게 다 좋은데 손자녀 신앙 교육 명령은 그중에도 중요한 하나다.

육아는 축복이다

히브리대학교의 강의실과 도서관에는 유모차를 흔들어 가며 수업을 듣는 아이 엄마들을 볼 수 있다. 수년 전 히브리대학교 교수가 우는 아기를 안고 수업한 사연이 한국 언론에 소개되면서 화제가 되기도 했다. 교수는 아기 돌봐 줄 사람이 없어 난처해하던 학생에게 "내 수업에는 아기를 데리고 와도 좋다"고 허락해 주었고, 수업 중에 아기가 칭얼대자 대신 안고 강의한 것이었다. 그뿐만이 아니다. 임신한 교수가 출산 전 3개월, 출산 후 3개월 휴직을 하는 바람에 한 학기의 절반을 강의도 듣지 못하고 과제물만 제출해야 하는 상황이었지만, 학생들은 교수의 출산 파티를 열어 주고 학교에 다시 올 때까지 기다려 주었다.

그뿐만이 아니다. 히브리대학교에서는 손자녀를 유모차에 태우고 복도를 거니는 할머니 할아버지들을 자주 본다. 결혼하여 아이를 데리고 학교에 오는 여학생들이 친정 부모님까지 대동하는 것이다. 한번은 유모차에 손자를 싣고 학교 복도를 거니는 쇼샤나(Rapaport Shoshana)라는 할머니를 만났다. 그녀는 4개월 된 손자 마타르(Mataar)를 봐주러 딸과 함께 대학에 출근(?)한다. 딸이 쉬는 시간에 잠깐 나와서 젖을 먹이고 들어간다고 했다. 아이 아버지는 직장에 다니고, 38세 된 그녀의 딸 지피(Tzipi)는 여섯째 아이 마타르를 낳고서 박사 과정 중이라고 했다. 아기 보는 것이 힘들지 않느냐고 물었더니 그녀는 환하게 웃으면서 이렇게 말했다.

"우선 제가 정서적으로 안정이 돼요. 도움을 줄 수 있다는 자부심이 어딘데요? 왜 살아야 하는지를 안다니까요. 아이는 제 인생에 보람이에요. 제가 위로를 받아요. 가족에게 여전히 저는 중요한 존재예요. 손주 아니면, 웃을 일이 어디 있겠어요? 아이가 주는 기쁨이 나를 건강하게 해요."

이스라엘 대학들에는 가족 기숙사가 있고 모유 수유 실도 있다. 우리나라 대학은 어떨까? 만약 일찍 결혼해 아기를 낳은 엄마가 못다한 공부를 하겠다고 아기를 들쳐 안고 강의실로 들어선다면 학교가 발칵 뒤집힐 것이다. 조부모가 손자녀를 봐주기 위해 아들, 혹은 딸과 같이 등교했다는 말도 들어 보지 못했다. 만약 대학 입학 조건에 아이를 둔 부모에게 장학금을 준다거나, 시험 점수가 동점일 때 자녀가 있으면 가산점을 받는 등의 조항을 만들면 어떨까. 적어도 아기와 함께 강의를 듣는다고 쑥덕거리지 않고, 아기가 칭얼거린다고 눈치 주지 않고, 오히려 다 같이 아기를 달래 주며 수업을 진행할 수 있다면 얼마나 좋을까. 저출산 문제를 해결하고자 하는 열정이 있다면 이 정도의 노력은 해야 하지 않을까.

은혜의 사적을 후대에 전하자

손자녀 신앙 교육을 말하면 대부분 어렵게 생각한다. 어떤 분들은 "내가 배움이 짧아 남을 가르칠 군번이 아니에요"라고 한다. 그러나 우리에게는 이미 가르칠 것들이 넘치게 있다. 성경이라는 훌륭한 교재가 있지 않은가. 이스라엘 백성과 지내시던 하나님의 기이한 사적(史蹟)을 익히 듣고 배우고 읽어서 어느 정도는 잘 안다.

그뿐만 아니라 우리는 나와 하나님만의 은혜의 사적 또한 가지고 있다. 하나님은 "이는 그들로 후대 곧 태어날 자손에게 이를 알게 하고 그들은 일어나 그들의 자손에게 일러서"(시 78:6)라고 하셨다. 또 하나님은 이스라엘 공동체를 통해서 자신을 나타내셨고 그분의 사적을 잊어선 안 된다고 하셨다.

"오직 너는 스스로 삼가며 네 마음을 힘써 지키라 그리하여 네가 눈으로 본 그 일을 잊어버리지 말라 네가 생존하는 날 동안에 그 일들이 네 마음에서 떠나지 않도록 조심하라 너는 그 일들을 네 아들들과 네 손자들에게 알게 하라"(신 4:9).

이처럼 손자녀에게 들려줘야 할 이야기의 주제가 이미 정해져 있다(신 6:2-3, 32:7). 내가 걸어온 은혜의 사적, 하나님께서 내게 행하신 일들을 잊지 않고 손자녀에게 들려준다면 그들의 소망도 구원의 하나님을 향할 수 있다. 이를 위해 우리의 살아온 발자취를 더듬어 보고 잊지 못할 은혜의 체험을 한 번쯤 정리해 보는 것은 의미 있는 일이다.

시편의 한 시인은 "… 내가 주의 힘을 후대에 전하고 주의 능력을 장래의 모든 사람에게 전하기까지 나를 버리지 마소서"(시 71:18)라고 기도한다. 좀 더 살고 싶은 목적을 후손에게 신앙을 전수하는 일에 둔 것이다. 우리도 나에게 베푸신 사적(私的)인 은혜의 사적(史蹟)을 묻어 두지 말고 후대에 전해 주는 이야기꾼(storyteller)이 되어 보자.

손자녀에게 훌륭한 이야기꾼이 되려면 먼저 내 인생의 발자취를 정리해 보는 시간이 필요하다. 몇 살부터 하나님을 믿었는지, 하나님이 내 인생에 개입하신 때는 언제인지 메모해 보자. 기억이 가물가물하다가 사라져 버리기 전에 오늘, 그리고 어제, 일주일 전, 1년 전, 10년 전으로 조금씩 뒷걸음질해 돌아가 보는 것이다. 그러다 보면 그때 만났던 하나님을 다시 만나게 된다. 오늘 밤에는 손자녀에게 그 이야기를 들려주자. 다니엘서, 에스더서처럼 'ㅇㅇㅇ서'가 만들어질 것이다.

"이 일이 장래 세대를 위하여 기록되리니 창조함을 받을 백성이 여호와를 찬양하리로다"(시 102:18).

내 손자녀에게 들려줄 ＿＿＿＿＿＿＿＿서

1) 오늘 내가 만난 하나님 이야기

2) 최근에 내가 만난 하나님 이야기

3) 50-60대에 내가 만난 하나님 이야기

4) 30-40대에 내가 만난 하나님 이야기

5) 20대에 내가 만난 하나님 이야기

6) 10대 시절 내가 만난 하나님 이야기

늦지 않았다

우리는 누구나 어린 시절 할머니가 들려주시던 옛날이야기 하나쯤 기억하며 살아간다. 잠자리에서 이야기를 들려주시면 그 목소리를 들으며 솔솔 잠이 들곤 했다. 이런 옛날식 교육은 미디어가 발달한 지금을 살아가는 아이들에게도 여전히 좋은 교육으로 각광받는다.

오프라 윈프리, 빌 게이츠, 버락 오바마, 퀴리부인, 빌 클린턴의 공통점을 아는가? 조부모의 손에 자랐거나 어린 시절 조부모로부터 큰 영향을 받았다는 것이다. 이들의 조부모들은 신앙심이 깊고, 손자녀를 도서관에 데리고 다니며 책 읽기를 지도했다고 한다. 특히 오프라 윈프리의 외할머니는 세 살 된 그녀에게 성경을 암송시키고, 수요예배에 암송원정을 다녔다고 한다. 그녀의 말재간은 성경암송 마니아였던 외할머니 덕분이다.

그렇다면 모세, 여호수아, 갈렙, 엘리사의 공통점은 뭘까? 그들은 인생 후반전에서 만루 홈런, 축구로 말하자면 연장전 종료 휘슬 불기 몇 초 전에 골을 넣은 사람들이다. 모세가 십계명을 가르치기 시작했을 때의 나이가 83세는 훌쩍 넘긴 것으로 짐작된다.

예수님이 비유로 들려주신 달란트 비유를 인생에 적용해 보자(마 25:14-30). 청년기는 금 다섯 달란트를 가진 것이고, 중년기는 금 두 달란트를, 노년기는 금 한 달란트를 가진 자와 같다. "내게 남은 것이라곤 한 달란트밖에 없구나"라며 자신을 땅에 묻어 버리겠는가. 예수님은 그런 사람을 "악하고 게으른 종아"라고 책망하신다. 그러나 "내게 아직 한 달란트가 남았구나!" 하고 그 남은 것으로 뭘 할지 계획하고 이윤을 남기는 인생을 산다면, 예수님은 "잘하였도다 착하고 충성된 종아"라고 칭찬하실 것이다. 그런 자들은 주인의 즐거움에 참여하는 사람이 될 것이다.

> "그 주인이 이르되 잘하였도다 착하고 충성된 종아 네가 적은 일에 충성하였으매 내가 많은 것을 네게 맡기리니 네 주인의 즐거움에 참여할지어다 하고"(마 25:23).

본문을 다시 잘 살펴보면, 주인은 종들이 얼마나 남겼는지를 보고 그들을 칭찬하지 않았다. 설령 그들이 돈을 손해 보았더라도 "너왜 내 밑천 다 까먹었니?"라고 꾸짖지 않았을 것이다. 예수님이 하고자 하신 말씀은, 하나님은 우리 능력의 크기가 아니라 "착함과 신실성(good and faithful)"으로 평가하신다는 가르침이었을 것이다. 손자녀가 있는데 "손자녀 교육이요? 제가 아는 게 없어서요" 하고 핑계 대는 것은 악한 종과 다름없다. 하나님이 주신 대로, 주신 것 안에서 성실히 기도하고 가르친다면 분명 하나님도 기뻐하실 것이다.

이번에는 예수님이 들려주신 포도원의 품꾼 비유를 인생에 적용해 보자(마 20:1-16). 유년기는 아침 9시에 온 사람, 청년기는 정오에 온 사람, 장년기는 오후 3시에 온 사람, 노년기는 오후 5시에 와서 일한 사람과 같다. 어떤 사람은 아침부터 와서 뼈 빠지게 일했는데, 어떤 사람은 고작 한 시간 일하고 같은 품삯을 받는다. 불공평하다 생각할 수 있다. 그런데 오후 5시를 인생 황혼기라 생각해 보라. 인생이 이제 한 시간 남은 사람이라 생각해 보라. 그의 노동의 질은 확실히 다를 것이다. 주님은 남들이 다 끝났다고 생각하는 황혼에도 오신다. 차곡차곡 쌓은 인생의 연륜이 실 자산이다. 주님이 못 참으시는 것은 언제 왔느냐가 아니라 빈둥빈둥 놀고먹으며 시간을 축내는 사람들이다.

"⁶ … 너희는 어찌하여 종일토록 놀고 여기 서 있느냐 ⁷ 이르되 우리를 품꾼으로 쓰는 이가 없음이니이다 이르되 너희도 포도원에 들어가라 하니라"(마 20:6-7).

손자녀가 있다면 오후 5시에 포도원에 들어간 것과 같다. 주님은 놀고 있지 말고 열심히 손자녀 교육에 힘쓰라고 하신다.

조부모의 사역 선서

그동안 자식 공부시키고 시집 장가 보내느라고 못 먹고 못 놀면서 열심히 살았다. 바람 불면 날아갈까 정성 쏟아 키운 자녀가 부모

품을 떠나더니 하나둘 교회도 떠난다. 믿음도 없고 말도 듣지 않는다. 못 다한 일도 많으니까 내 인생을 좀 즐기며 보람 있는 어떤 일도 하고 싶은데 믿음 떠난 자녀들이 걸린다. 이런 결단은 어떨까? "나는 손자녀의 말씀 교육 사역자, 축복기도 사역자다"라고 결단하는 것이다. 망설일 필요가 없다. 왜냐하면 이것이 영생을 준비하는 과정이기 때문이다. 우리에게는 뒤를 봐주는 든든한 후원자 하나님이 계시다.

> "3 야곱의 집이여 이스라엘 집에 남은 모든 자여 내게 들을지어다 배에서 태어남으로부터 내게 안겼고 태에서 남으로부터 내게 업힌 너희여 4 너희가 노년에 이르기까지 내가 그리하겠고 백발이 되기까지 내가 너희를 품을 것이라 내가 지었은즉 내가 업을 것이요 내가 품고 구하여 내리라"(사 46:3-4).

손자녀 말씀 교육 사역자 결단서의 빈 곳을 채워서 문장을 완성하고, 따라 읽으며 결단 선서를 해 보자.

손자녀 말씀 교육 사역자 결단서

나, _____은(는) 손자녀 _____에게
하나님 말씀을 교육하는 말씀 교육 사역자입니다.

알고 있는 것은 다 가르치겠습니다. Let's teach it.

공부하는 뇌는 늙지 않습니다.

끊임없이 성경을 배우겠습니다. Let's learn it.

하나님이 좋아하시는 일을 하겠습니다. Let's do good it.

지금 시작하겠습니다. Let's start it.

가치 있는 일에 돈을 쓰겠습니다. Let's pay it.

하나님 앞에 설 준비를 하겠습니다. Let's prepare it.

신령한 꿈을 꾸는 노인이 되겠습니다. Let's dream dream.

chapter 3

하나님은 노인을 존귀한
지도자로 세우셨다

❋
♥

이 나이에 아이 볼 때인가

성경의 기원을 말하자면 수 천 년이나 된다. 그런데 언제 읽어도
아침 뉴스를 듣는 것처럼 몰랐던 사실을 알게 된다. 마르지 않는 생
수의 근원이신 하나님의 말씀이라서 그렇다. 하나님은 생명의 원천
인 그분의 말씀을 가르치라고 하셨다. 그런데 교회의 어르신들을 만
나서 "손자녀에게 신앙 교육하는 할아버지 할머니가 됩시다!"라고
하면 반응이 냉랭하다. 대부분 이런 반응이다.

"내가 살면 얼마나 더 살아요? 남은 인생 재미나게 살아야지요."

"내 친구는 극성스러운 손주 보다가 기운이 진해서 일찍 하나님
께 갔어요."

"애 봐주면 뭐 해요? 좋은 소리 한번 듣지를 못하는데. 공은 없고 욕만 돌아오는 걸 왜 합니까?"

만약 누군가 순금 100킬로그램을 주면서 가져가라고 하면 아무리 무거워도 마다 않고 어떻게든 이고 지고 가져가려 할 것이다. 그런데 내 자녀, 내 손자녀가 그만큼의 가치도 하지 않는 걸까. 말로는 '금쪽 같은 내 새끼'라고 하면서 그 금덩이를 내다 버리고 있는 것은 아닐까.

어떤 분들은 자식이 "손자녀 좀 봐주세요"라고 하면 멀쩡하던 허리가 아프고 어지럽단다. 비라도 올 것처럼 무릎이 욱신거리는 것 같고 괜히 기운이 나지 않는단다. 그러다가도 장 보러만 가면 양손 가득 짐을 들고 온다. 한번은 내가 재래시장 앞에서 버스를 기다리고 서 있었는데, 장을 보신 할머니들이 물건을 잔뜩 담은 큰 보따리를 들고 간신히 버스에 오르는 것을 보았다. 안양에서 광명시 도매시장까지 원정을 오셨다고 했다. 저 많은 짐을 어떻게 들고 가시려나 걱정되었지만, 그분들 얼굴에는 화색이 만연했다.

생각해 보면 그분들이 학교에 다니던 옛날에는 등굣길이 20~30리 길이었다. 냇가에는 다리도 없어서 바지를 걷어붙이고 건너야 했다. 매일 아침저녁을 마치 유격 훈련하듯이 굽이굽이 몇 고개나 되는 산길을 넘나들어야 했다. 그렇게 10대 시절을 보냈으니, 체력 단련이 잘되어 있는 것이다. 단 1킬로미터도 킥보드 같은 걸 타고 다니는 젊은이들 체력과는 비교할 수 없는 강인함이 있다. 그 체력을 장

보는 데에만 쓰기는 너무 아깝지 않은가.

예수님의 개혁에는 세 살 미만의 아기에 대한 인식 개혁도 포함되어 있었다. 그리고 유언처럼 남기신 비장한 말씀에도 "나를 위하여 울지 말고 너희와 너희 자녀를 위하여 울라"(눅 23:28)는 구절이 있을 만큼, 예수님은 우리가 자녀를 잘 돌보기를 바라신다.

그래도 여전히 손자녀 볼 생각만 하면 머리가 지끈거리고 뼈마디가 욱신거리는가. 하나님의 말씀이 때로는 정형외과의 관절 수술치료기보다 예리하고(히 4:12 참고), 몸의 양약이 되어 골수를 윤택하게 한다는데(잠 3:8), 말씀 한번 믿어 보면 어떨까.

> "²⁹ 피곤한 자에게는 능력을 주시며 무능한 자에게는 힘을 더하시나니 ³⁰ 소년이라도 피곤하며 곤비하며 장정이라도 넘어지며 쓰러지되 ³¹ 오직 여호와를 앙망하는 자는 새 힘을 얻으리니 독수리가 날개치며 올라감 같을 것이요 달음박질하여도 곤비하지 아니하겠고 걸어가도 피곤하지 아니하리로다"(사 40:29-31).

하나님은 노인 중에서 70인을 뽑으셨다

하나님은 애굽에서 나온 후손들을 이끌고 광야를 횡단할 리더 그룹이 필요했다. 그래서 특채로 모세의 수행원 역할을 할 70명을 뽑으셨는데, 그 자격 기준이 "이스라엘 노인 중에서"다.

"여호와께서 모세에게 이르시되 이스라엘 노인 중에 네가 알기로 백
성의 장로와 지도자가 될 만한 자 칠십 명을 모아 내게 데리고 와 회
막에 이르러 거기서 너와 함께 서게 하라"(민 11:16).

모세와 업무를 같이할 수행원이라면 학력 수준이 높고 체력이 좋
으며 무술로 단련된 젊고 빠릿빠릿하고 똑똑한 사람을 채용해야 하
는 것 아닌가. 그러나 하나님이 필요로 하신 사람은 체력이 아니라
지혜를 갖춘 사람이었다. 현장 경력, 인생 경력 소지자를 원하셨다.
노인들이 유능한 젊은이를 제치고 하나님의 공채에 합격한 셈이다.
하나님은 그들을 "이스라엘 백성들의 존귀한 자들"(출 24:11)이라고
하셨다.

　그렇다면 강하고 젊고 팔팔한 청년들은 왜 하나님의 면접시험에
서 떨어졌을까? 출애굽기 16장에 보면 광야로 나온 이스라엘 백성
들이 만나 외에 고기반찬을 달라면서 울며 아우성치고 있다. 사실
그들은 한 달 보름 전에 애굽에서 양고기 바비큐를 배부르게 먹고
나왔다(출 12장). 그런데도 이 난리들이다. 거기다 광야로 나온 그들
에게는 고기 재료가 엄청 많았다. 모세가 바로와 협상할 때 "우리의
가축도 우리와 함께 가고 한 마리도 남길 수 없으니"(출 10:26)라는
조항을 내세웠고, 이 제안은 받아들여졌다. 바로가 "너희가 말한 대
로 너희 양과 너희 소도 몰아가고"(출 12:32)라고 했던 것이다.

　그래서 그들은 애굽에서 나올 때 "수많은 잡족과 양과 소와 심히

많은 가축"을 함께 데리고 나왔다. 만약 정 고기반찬이 먹고 싶었다면 그중 한 마리쯤 잡아먹어도 괜찮았을 것이다. 소를 한 마리 잡으면 온 동네잔치를 벌이고도 남는다. 게다가 지금 그들이 지내는 곳은 하나님이 무상 공급하신 초원 지대다. 가축들을 풀어 놓아 방목하니 밑천 하나 들이지 않고도 키울 수 있다. 때가 되면 가축들은 새끼를 낳아 줄 테고, 그러면 재산은 자연스럽게 늘어난다. 그런데도 그들은 만나처럼 고기도 거저 내놓으라고 아우성이다. 사실 곡식 같은 경우는 한 땅에 씨앗을 심고 키우기까지 1년여의 시간이 필요하니 유목민인 이스라엘로서는 먹기가 힘든 식재료다. 하나님도 그들의 사정을 아시니 만나를 공짜로 주신 것 아닌가. 그런데 지금 그들은 무상 공급 만나 맛에 길들어서 이번에도 공짜 배급만을 바라고 있다. 그들의 아우성에 판단력을 잃은 모세는 하나님 앞에서 "이 모든 백성에게 줄 고기를 내가 어디서 얻으리이까… 즉시 나를 죽여 내가 고난당함을 내가 보지 않게 하옵소서"(민 11:13-15) 하며 울었다.

하나님은 거의 실신해서 나는 메추라기를 보내셨다. 아라비아 사막을 횡단 중이던 작은 새들이 기진맥진해서 떨어졌다. 그런데 이때 강한 자, 힘센 청년들이 이 메추라기를 쓸어 갔다. 그 탓에 약한 자, 장애자들은 여전히 주렸다. 그래서 하나님은 강한 자들을 때려눕히셨다. 그리고 비록 치아와 소화기관의 약화로 고기는 즐기지 못하지만 현실 경험이 풍부하고 지혜가 있는 70명의 노인을 뽑아서 이스라엘의 존귀한 지도자로 세우셨다.

"²⁹ 그들이 먹고 심히 배불렀나니 하나님이 그들의 원대로 그들에게 주셨도다 ³⁰ 그러나 그들이 그들의 욕심을 버리지 아니하여 그들의 먹을 것이 아직 그들의 입에 있을 때에 ³¹ 하나님이 그들에게 노염을 나타내사 그들 중 강한 자를 죽이시며 이스라엘의 청년을 쳐 엎드러뜨리셨도다"(시 78:29-31).

경건 생활을 하는 노인이 하나님의 사업에 특별 채용되었다. 이렇게 뽑힌 70명은 모래바람 불면 날아갈 것 같은 힘없는 원로들이었다. 하나님은 그들이 일을 감당할 수 있도록 성령으로 지원하셨다.

손자녀 양육은 조부모의 정신 건강에 좋다

그런데도 여전히 손자녀 돌보는 일에 겁부터 내는 조부모가 많다. 그런데 그것 아는가. 갱년기 치료에 손자녀 만한 보약이 없다. 하루에 서너 시간 정도의 시간을 손자녀와 보내는 조부모들은 생활 만족도가 높고 우울증 위험도가 현저히 낮다고 한다. 나이 들면 인생이 허무하고 슬프고 우울하고 자격지심만 늘어나는데, 손자녀의 재롱을 보면 좋은 호르몬이 나와서 심신이 건강해진다는 보고도 있다. 계명대학교병원 김대현 교수 팀이 손자녀가 있는 노인 4,784명을 연구 조사해 보았더니, 이 가운데 3퍼센트에 해당하는 148명이 손자녀를 돌보고 있었는데, 이들의 우울증 수치가 손자녀를 돌보고 있지 않은 사람에 비해 현저히 낮았다고 한다. 적당한 시간의 손자녀 양육은 노인의 정신 건강에 좋다.

보통 노년기를 마주하면 가족의 눈치를 본다거나 재정적으로 불안정해지면서 우울증이 오기 쉽다. 친구들이 하나둘 떠나기도 하고 기억력과 수면의 질에도 문제가 생긴다. 미각이 감퇴하고 입맛이 없어진다. 움직이는 것도 싫어하게 되면서 운동 능력도 줄어든다. 감정 표현이 노골적이 된다거나 부정적인 말을 많이 하기도 한다. 인생의 허망함을 느끼면서 눈물도 종종 흘린다.

그런데 손자녀를 돌보게 되면 일단 아이들 재롱에 웃는 날이 많아진다. 손자녀 보느라 떠나간 친구 생각도 많이 나지 않는다. 가족경제에 한몫하게 되니 자식들 보기 떳떳하고, 용돈 받는 것도 당당하다. 요즘은 국가보조금도 받을 수 있다. 하루 종일 아이 보느라 동분서주하다 보니 운동도 되고, 그러다 보면 자연스럽게 수면장애도 해결된다. 밤이 되면 아이보다 할머니가 먼저 곯아떨어진다는 이야기를 종종 듣는다. 또 아이 먹이려고 음식을 하다 보면 간도 보게 되고 같이 먹게도 되니 입맛 없다는 말이 쏙 들어간다. 이렇게 장점이 많은 손자녀 돌봄, 굳이 안 할 이유가 없지 않은가.

사실 요즘 조부모 중에는 학창시절 못 배운 것에 한이 맺힌 분들이 많다. 당시는 마음 편히 학교에서 공부하는 것도 사치인 시대였다. 열 살 조금 넘으면 농사일을 돕거나 공장에서 일을 해야 했다. 그러다 보니 자식만큼은 잘 가르치겠다는 마음가짐으로 교육열이 높은 조부모가 많다. 자식을 가르쳐 봤으니, 그 경력으로 손자녀를 부모보다 더 잘 가르치는 조부모도 적지 않다. 살아 온 세월만큼 아이를 진정시키고 다루는 데 능숙하기도 하다. 이리로 보나 저리로 보나 조부모가 손자녀를 돌보는 데 손색이 없다.

노스캐롤라이나대학의 글렌 H. 엘더(Glen H. Eder) 교수는 조부모와 가깝게 지낸 아이들이 그렇지 않은 아이들보다 고등학교 졸업 성적이 더 높다는 연구 결과를 발표했다. 그는 "조건 없는 사랑과 무한한 지지가 학교 공부에 좋은 영향을 준 것 같다"면서, 이 땅의 모든 조부모에게 부모의 빈자리를 채우고 손자녀들과 시간을 보내 주기를 권했다. 이 밖에도 비슷한 연구 결과가 많은데, 대부분 조부모와 애착 형성이 잘되고 10대까지 관계를 유지한 아이들에게서 보상을 바라지 않고 사회를 이롭게 하는 봉사, 기부 활동 같은 친 사회 행동이 높게 나타났음을 알 수 있다.

그 밖에도 손자녀를 양육하는 조부모가 가족과 아이에게 주는 공헌을 정리해 봤다.

첫째, 부모와 아이 사이에 발생할 수 있는 갈등을 조부모가 잘 조정해 줄 수 있다.

둘째, 맞벌이 부부가 놓치는 양육의 틈을 메울 수 있다.

셋째, 조부모의 지지와 응원이 손자녀의 학업 성취도를 높인다.

넷째, 조부모와 함께 오래 있다고 해서 다 좋은 결과를 줄 수는 없지만, 그 영향이 사춘기까지 이어진다는 사실은 확실하다.

다섯째, 조부모 없는 핵가족화로의 사회 변화는 아이들의 기대 수준을 떨어뜨린다.

여섯째, 할아버지와 할머니는 아이와의 관계에서 친화성이 높다. 아이가 실수했을 때 불필요한 감정을 쏟아붓지 않는다. "다음부터는 잘해 보자"는 식의 긍정적 피드백을 할 수 있는 여유가 있다. 거기에서 아이는 안정감을 갖는다.

일곱째, 아이를 사랑하는 조부모의 다양한 감정 표현이 인성 교육에 좋다.

여덟째, "손자는 노인의 면류관"(잠 17:6)이라고 한 성경 말씀처럼, 조부모는 손자녀를 금덩이보다 귀하게 돌봐 준다.

손자녀 신앙 교육, 조부모도 자격이 있다

물론 조부모가 손자녀를 보는 일이 쉽지는 않다. 일단 세대가 다르고 자라 온 시대가 다르기 때문에 공감하고 소통하는 데에서부터 문제가 생기기 쉽다. 내가 성복교회에서 유치부 사역을 할 때 일이다. 지병을 앓던 성은이 엄마가 1년 전 딸아이를 두고 세상을 떠나고, 성은이는 할머니 손에서 자랐다. 하루는 성은이가 어린이집에 가야 할 시간인데 일어나지 않자 할머니는 곤히 자는 아이를 흔들어 깨우며 잔소리를 조금 하셨단다. 그랬더니 아이가 "할머니, 나도 맘이 있는데 왜 할머니 맘대로 하려고 그래요? 어린이집에 가기 싫은 것도 내 맘이에요"라고 하더란다. 성은이 할머니는 그날 크게 당황했다고 고백했다. 이제 고작 다섯 살 아이가 어떻게 마음이 있다는 것을 알까 싶어, 그 후로는 아이 마음 다치지 않게 말을 조심하게 되었다고 하셨다.

영아부 교사 박영순 집사님의 일화도 기억난다. 네 살 딸아이가 소파에 앉아 책을 보는 동안 아이 엄마가 이 기회에 얼른 밥을 먹어야겠다 싶어 바닥에 반찬 이것저것을 꺼내 놓고 허겁지겁 먹었단다. 그런데 아이가 물끄러미 엄마를 바라보더니 "엄마는 왜 기도도 안 하고 돼지같이 밥을 먹는 거예요?"라고 말하는 바람에 그만 낯이 화끈거렸다고 한다. 밥그릇 들고 돌아다니며 먹으면 안 된다고, 밥을 꼭꼭 씹어 천천히 먹으라고 가르쳤는데, 본이 되지 못했다.

맞다. 요즘 아이들 만만치 않다. 아이들과 잠깐만 대화를 나눠도 어른들이 당황하기 일쑤다. 어쩌면 그래서 조부모들이 더 손자녀 보기를 꺼리는 것인지도 모른다. 강의를 하다 보면 그런 당황스러운 사연들을 수도 없이 듣는다. 그리고 이럴 땐 어떻게 하면 좋겠느냐는 질문도 많이 받는다. 아직도 손자녀 돌보기를 두려워하는 조부모들에게 용기를 주기 위해 자주 받는 질문을 몇 가지 추려 질의 형식으로 정리해 보았다.

질문 1. 체력과 육아 스트레스 : 우리 손자는 정신없이 뛰어다닙니다. 늘어놓고, 어지럽히고, 잠시도 얌전히 있지를 못해서 골치가 아픕니다. 허리, 무릎 관절이 쑤시고, 안 아픈 데가 없어요. 육아 스트레스로 뒷골이 다 당깁니다. 그런데 어떻게 손자녀를 돌볼 수 있나요?

"오면 반갑고 가면 더 반가운 손님이 손자녀"라는 말이 있다. 그러나 이런 말이 하나님께 정면 도전하는 말임을 안다면 당장 취소해야 할 것이다. 60세 이상이 가장 원하지 않는 노후가 '황혼육아'라고 한다. 이미 자녀 양육에 온 정열과 젊음을 바쳤으니 그동안 못다한 취미생활을 즐기며 노후를 보내고 싶은 것이 당연하다. 손자녀 양육을 맡겠다고 나섰다가 후회하는 분들도 적지 않다. SBS스페셜 격대교육 제작팀이 출간한《격대 육아법의 비밀》에 따르면, 매일 9시간 이상 손자녀를 돌본 노인들에게서 심근경색 발병률이 50퍼센트 높다고 한다. 매일 9시간씩 육아를 전담하라는 말이 아니다. 만약 아이 부모로부터 그런 부탁을 받았다면 거절하는 것이 맞다.

손자녀 돌봄 시간은 주말 1회 방문이나 하루 4시간 정도가 적당하다. 이 시간 동안 조부모는 아이를 어린이집에 데려다주고 데려오는 일, 낮잠 한 숨 재우는 일, 간식 챙겨 먹이는 일, 함께 성경 게임하며 노는 일 정도를 할 수 있다. 저녁에 아이의 부모가 퇴근해서 오면 손자녀 돌봄 근무는 끝난다. 이 정도의 일을 할 수 있다면 앞에서 말했듯 노인의 우울증이나 불면증, 정신 건강에 도움이 된다.

신명기 6장 2절에서 말한 손자녀의 신앙 교육 사명은 육체노동을 요구한 것이 아니다. 같이 먹고, 자고, 성경책 읽어 주고, 축복기도

해 주고, 같이 놀아 주는 것이다. 이것이 장수의 비결이라고 성경이
가르쳐 준다.

질문 2. 노쇠한 정신 건강 : 나는 아동 전문가도 아니고 기억력도 가물가물
해서 금방 들은 것도 까먹는데 어떻게 손자녀를 가르치는 선생이 될 수 있나요?

노년이 되면 체력과 기억력이 현저하게 저하된다. 이는 기억을
관장하는 해마가 줄어들기 때문이다. 하지만 나이가 들수록 더 활
발하게 작용하는 부분이 있다. 《격대 육아법의 비밀》에는 노년층이
젊은이들보다 뛰어난 몇 가지가 소개되어 있다. 캘리포니아대학 샌
디에이고캠퍼스(UCSD)연구진이 MRI(자기공명영상법) 등을 통해서 뇌
를 연구한 결과, 노년은 감정 호르몬의 영향을 덜 받아 종합적 판단
력이 젊은 세대보다 한층 높다는 결과가 나왔다. 노인에게는 감정에
치우치지 않는 유연함이 있다는 것이다. 또, UCSD 정신의학과 리
사 엘러(Lisa T. Elyer)의 연구 결과에 따르면 노인들의 뇌는 한 가지 일을
두세 가지 방식으로 해 보는 데 익숙해서 해결법을 찾는 데 노련하다
고 한다.

질문 3. 과도한 애정 : 손자녀를 너무나 귀여워해서 버릇없는 응석받이로
키울까 봐 걱정입니다. 아무리 절제하려고 해도 아이 재롱 앞에서는 꼼짝 못
하니 어떻게 하면 좋습니까?

조부모는 비교적 아이를 많이 혼내지 않는다. 이것은 조부모가 아이의 뇌를 키울 수 있는 아주 큰 장점이다. 아이의 잘못된 행동을 무조건 수용해 주면 독립적이지 못하고 의존적이며 응석받이로 클 수 있지만, 실은 그런 행동 이면에는 사랑의 결핍이 있다. 이것을 방치하는 것이 더 위험하다. 아이들의 부모는 호락호락하지 않은 세상에서 많은 시간과 정력을 일에 쏟으며 앞을 향해 달려간다. 그러다 보니 자칫 아이에게 충분한 애정을 표현하지 못한다. 기관에서 만나는 교사들 역시 부모가 아니다 보니 부모만큼의 사랑을 요구할 수 없다. 그렇기 때문에 요즘 손자녀들에게는 조부모의 사랑이 절실하고 더욱 필요하다.

질문 4. 무엇을 가르칠까 : 요새는 유치원 때부터 영어를 공부하던데, 내가 가방끈이 짧아 아는 게 없으니 오히려 손자에게 배워야 하는 처지예요. 이런 내가 뭘 가르칠 수 있을까요?

성경이 명령하는 조부모 역할은 평생에 여호와 경외하는 법을 자녀와 손자녀에게 가르치고 축복하라는 것이다. 영어는 영어 교사에게, 태권도는 사범에게, 그림은 미술학원에서 배우게 하고, 조부모는 십계명을 가르치면 된다. 십계명을 전문으로 가르치는 주말학교도 있다.

질문 5. 자녀와의 갈등 : 교육관이 다르다는 이유로 자식들과 사이가 나빠질까 봐 두렵습니다. 특히 며느리와는 아무래도 어려워요. 그러면 아이에게도 혼란을 주어서 오히려 교육에 역효과를 주지 않을까요?

예수 믿는 며느리도 잘 모르는 것이 십계명이니까 걱정하지는 말자. 기독교 전 세대의 공통 필수 과목인 십계명을 가르치자. 종교개혁자 마르틴 루터는 "십계명 하나만 제대로 알면 성경 전체를 온전히 아는 사람이다"라고 했으니 자부심을 가지자. 하나님도 아이의 신앙 교육은 부모와 조부모를 공동 자격자로 임명하셨으니까 가르칠 자격이 있다(신 6:2).

주의할 점을 알아 두자

하나님은 이스라엘 백성에게 가나안 땅을 약속해 주시면서 몇 가지 당부도 잊지 않으신다. 그들이 젖과 꿀이 흐르는 땅에 들어간다는 말은 경제적인 풍요를 얻게 됨을 뜻한다. 하나님은 그들이 선진국의 노인이 되어 돈은 있는데 소일거리가 없어서 허탄한 데 힘쓸까 봐 염려하신다. 돈이 넘치는 땅에서 조심해야 할 것들이 있다.

먼저 할아버지들을 향한 조항이다.

"네 손녀나 네 외손녀의 하체를 범하지 말라 이는 네 하체니라"(레 18:10).

"너는 여인과 그 여인의 딸의 하체를 아울러 범하지 말며 또 그 여인의 손녀나 외손녀를 아울러 데려다가 그의 하체를 범하지 말라 그들은 그의 살붙이이니 이는 악행이니라"(레 18:17).

공원이나 놀이터에서 만난 아이가 귀엽고 사랑스럽다며 엉덩이를 토닥거리거나 신체 일부분을 만져서는 안 된다. 머리를 쓰다듬는 일도 금물이다. 요즘 세상에 귀여워서 그랬다는 말은 통하지 않는다. 성추행 범으로 오해받을 수 있으므로 각별히 조심해야 한다.

내 손자녀에게도 마찬가지다. 손자녀가 귀엽다고 볼이나 입에 입을 맞추는 것은 삼가자. 먹던 수저나 젓가락으로 음식을 집어서 아이 입어 넣어 주는 것 역시 실례다.

무엇보다 교회를 열심히 다닐 것을 권한다. 괜히 종로3가 같은 노인 많은 거리를 서성이지 말자. 젖과 꿀만 있고 여호와 경외의 법이 없는 세상은 파괴된다.

할머니를 향한 조항도 알아보자.

"³ 늙은 여자로는 이와 같이 행실이 거룩하며 모함하지 말며 많은 술의 종이 되지 아니하며 선한 것을 가르치는 자들이 되고 ⁴ 그들로 젊은 여자들을 교훈하되 그 남편과 자녀를 사랑하며 ⁵ 신중하며 순전하며 집안일을 하며 선하며 자기 남편에게 복종하게 하라 이는 하나님의 말씀이 비방을 받지 않게 하려 함이라"(딛 2:3-5).

노파심(老婆心)이란 늙은 할미의 마음이라는 뜻이다. 자식을 애지 중지하는 할머니들은 잔걱정이 많아서 잔소리를 많이 한다. 자질구레한 일들을 걱정하기 때문에 그렇다. 이것은 교육자의 장점이라고 본다. 그러나 잔소리가 깊어져 고집과 아집으로 번지는 경우가 있다. 자기 말만 하고 또 하는 것이다. 할머니들은 그야말로 반복의 선수들이다. 이것을 아는 바울은 교육하는 할머니가 되라고 했다.

그 밖에도 남을 헐뜯지 않도록 주의해야 한다. 술을 마시는 모습을 손자녀에게 보이는 것도 좋지 않다. 아기에게 밥을 먹이다가 흘린 것을 주워 먹지 말자. 선한 것을 가르치는 교육자가 되기 바란다.

다음은 할아버지와 할머니 모두가 지켜 주어야 할 생활 규범을 정리했다.

첫째, 주변을 청결히 하자(Clean up). 필요 없는 물건들을 과감히 정리한다.

둘째, 짙은 향수는 피하고 얼굴과 옷에 신경 쓰자(Dress up). 자기관리는 인간에 대한 예의다.

셋째, 말하기보다 듣기를 많이 하자(Shut up). 자기 경험과 생각만 옳다고 고집하면 주변에 사람이 머물지 않는다.

넷째, 아랫사람에게 먼저 양보하고 더 많이 배려하자(Care up). 대중교통, 공공장소, 노인대학에 와서 어른 행세하면 미움받는다.

다섯째, 지갑을 열자(Pay up). 인색하게 움켜쥐고 있는 노인은 아름답지 못하다.

여섯째, 사람을 대할 때 밝은 표정으로 친절히 하자(Cheer up). 소리 지르고 모욕 주고 욕 해 대면 해댄 만큼 돌아온다.

일곱째, 어린애처럼 응석부리거나 엄살 부리지 말자(Fair up). 자기 연민, 동정심, 구걸은 비굴하다.

여덟째, 나이가 들수록 더욱 겸손하자(Grown up). 노인대학에 와서 돈 자랑, 자식 자랑, 남편(부인) 자랑 늘어놓으면 외톨이 된다.

아홉째, 식탐을 버리자(Kick up). 검정 비닐봉지 들고 다니며 음식을 몰래 싸는 버릇은 부끄럽다.

열째, 신호등을 비롯하여 공공질서를 지키자(Traffic order up). 손자녀 데리고 무단횡단하면 절대 안 된다.

열한째, 틈만 나면 딴 데 가지 말고 교회에 와서 교인들과 사귀자(Holy – up).

chapter 4

손자녀에게 사랑으로 기억되기를

손자녀와 특별한 추억 쌓기

지금 조부모가 된 분들에게 묻고 싶다. 어린 시절 할아버지와 할머니가 기억나는가? 그분들과 어떤 시간을 보냈는가? 그들은 어떤 분들이셨나? 내가 할아버지와 할머니가 된 지금, 손자녀들에게 어떤 추억으로 남겨질 것 같은가?

놀이터에서 놀고 있는 어린아이들에게 "얘들아, 너희 할아버지 계시니? 어떤 분이니?"라고 물어보라. "할아버지요? 만날 화만 내요" "우리 할아버지는 만날 술만 마셔요"라는 답이 돌아올지 모른다. 할머니도 마찬가지다. 내가 들은 말은 대부분 "우리 할머니는 만날 아파요"였다. 그러면 "할아버지 교회 다니시니?"라고 물어보면 어떨까. 대부분 "아니요!"라고 대답한다.

나는 얼마 전에 교회 다니는 40~60대분들과 "할머니 할아버지에 대한 추억 나누기" 시간을 가졌다. 이런 추억들을 들려주었다.

"어릴 때 내가 본 할머니는 새 돈만 보면 '헌금해야지'라고 하신 것이 기억납니다."

"할머니를 따라 새벽기도 다녔던 일이 기억납니다."

어떤가. 믿는 조부모와 믿지 않는 조부모의 차이가 이렇게 크다. 하나님이 자꾸만 후손에게 말씀을 전하라고 하신 이유를 알 것 같다.

손자녀가 태어나고 백일잔치, 돌잔치를 예배 예식으로 준비하여 멋지게 치렀다. 그러고 시간이 지나면서 아기는 어느새 말도 좀 통하고 의견도 나눌 수 있는 어린이로 자란다. 이쯤 되면 그들의 기억 속에 할아버지, 할머니와의 추억 한 조각 남겨 주어야 하지 않을까. 가르치기 위해 자주 만나고 대화하다 보면 친밀해진다. 대화들은 기억소에 저장되고 먼 훗날에 다시 꺼내면 그 함께한 나날들은 그리운 추억으로 남는다. 가르친 사람은 가르치고 잊었는데 배운 사람은 기억한다. 손자녀를 사랑한 만큼 조부모는 아이 마음에 오래도록 사랑으로 기억된다.

"그의 아버지 집의 모든 영광이 그 위에 걸리리니 그 후손과 족속 되는 각 작은 그릇 곧 종지로부터 모든 항아리까지니라"(사 22:24).

추억이라고 다 같지 않다. 특별한 추억, 떠올리면 마음 따뜻해지는 추억, 인생의 본을 삼을 수 있는 추억이라면 좋겠다. 어떤 것이 있을까. 첫째, 교회 예배를 같이 다녀 보자. 물론 손자녀는 주일학교 예배를 드려야 하지만, 함께 오고 가는 길에서 추억거리가 솟아날 것이다. 둘째, 핸드폰 카메라로 함께 사진을 찍어 보자. 얼굴만 크게 찍어서 닮은 점을 찾아 보거나, 나란히 서서 전면 사진을 같이 찍어 볼 수도 있다. 셋째, 날씨 좋을 때 가까운 곳으로 산책하러 가거나, 쇼핑, 여행을 다녀 보자. 놀이동산이나 박물관, 도서관 등 어디든 함께 방문해 보자. 넷째, 단둘이 공유할 비밀 이야기를 만들어 보자. 다섯째, 함께 요리를 해 보자. 그러면서 속마음을 털어놓을 수 있도록 분위기를 만들어 보자. 여섯째, 함께 기도원에 가 보자. 일곱째, 한 이불 덮고 자며 성경 이야기를 들려주자. 여덟째, 간단한 보드게임이나 그림 그리기, 만들기 등을 함께해 보자. 그 밖에도 손자녀와 즐거운 시간을 함께 보내다 보면 자연스럽게 친밀감이 생기고 추억 거리가 샘솟을 것이다.

손자녀와 조부모가 서로를 알아갈 수 있도록 '공통점 찾기'를 해 볼 수도 있을 것이다. 다음의 빈칸을 채워 보자.

손자녀 _____와 조부모 _____의 공통점 찾기

1) 두 사람이 좋아하는 음식은?

    조부모 : _____

    손자녀 : _____

2) 두 사람이 좋아하는 성경구절은?

    조부모 : _____

    손자녀 : _____

3) 두 사람이 좋아하는 성경 인물은?

    조부모 : _____

    손자녀 : _____

4) 두 사람이 좋아하는 찬송가는?

    조부모 : _____

    손자녀 : _____

5) 두 사람이 존경하는 위인은?

    조부모 : _____

    손자녀 : _____

6) 두 사람이 좋아하는 TV 프로그램은?

    조부모 : _____

    손자녀 : _____

과거를 잃은 자에게는 미래도 없다

손자녀가 초등학교 고학년이거나 청소년이면 조부모가 특강하는 날을 정해 준비해 보자. 강의를 하라니 겁부터 덜컥 나는가? 강의 주제는 그리 거창하지 않아도 좋다. 내가 추천하는 주제는 '살아오는 동안 하나님이 어떻게 돌보셨나', 또는 '하나님이 어떻게 내 기도에 응답하셨나' 같은 내용이다. 이런 내용들을 잘 정리해서 들려주고 덕담을 한마디 덧붙이면 아주 멋진 강의가 될 수 있다. 생생한 인생 경험을 소재로 한 간증이다. 이외에도 '최근 읽은 책의 이야기' '내가 키운 아이들'(손자녀에게는 부모의 이야기니 재밌을 수 있다. 다만 자식 흉을 봐서는 안 된다)도 좋은 주제다.

강의 준비가 되면 '할아버지, 할머니가 특강하는 날이니 모두 모여라!' 하고 연락하자. 요즘 아이들이 대부분 소통 창구로 사용하는 카카오톡 메신저를 활용하면 좋고, 전화로 해도 좋다. 두 달 전부터 미리 알리고, 전원 참석하도록 강권해서 데려오자. 요즘 어린이나 십 대는 호락호락하지 않으니 강제 동원해야 한다.

"____월 ____일은 할아버지(또는 할머니)가 손주들에게 특강하는 날!

특강 주제는 비밀! 밝힐 수 없음. 그날 발표함. 전원 필참!

시간: 오후 5~6시

식사 제공: _____ 식당

준비물: 필기도구

수강생 명단: 손주 ○○○, ○○○

수강료: 2천 원"

　수강료는 강의를 마친 후에 개근상, 우등상 등의 명목으로 봉투에 용돈을 좀 더 얹어서 돌려준다.

　이렇게 손자녀를 대상으로 한 1차 강의를 마치면, 2차 강의는 아들, 딸, 사위, 며느리를 모아 놓고 한다. 1차 강의의 서툰 경험은 2차 강의에서 업그레이드된다. 이렇게 하면 아들, 딸, 사위, 며느리 앞에서 좀 더 세련되고 수준 있는 강의를 할 수 있다. 2차 강의 때는 1차 강의를 들은 영특한 손자녀를 초청해서 어른들 앞에서 소감 발표를 하게 한다. 손자녀와 공동 강사가 되는 셈이다.

　이것은 미국 뉴욕의 유대인 명문 사립학교 노스쇼히브리아카데미(North Shore Hebrew Academy)의 전 교장 마빈 토케이어(Marvin Tokayer)의 방식을 따른 것이다. 그는 교장으로 재직하던 시절, 초등학교 4~5학년(9~10세)을 대상으로 '오리진즈 수업'을 해 왔다고 한다. '오리진즈(origins)'란 '기원, 근원'이란 뜻으로, 이 수업에서는 자기의 기원을 알아 가는 것을 목표로 한다. 이를테면 '전통의 고리 잇기 수업'이다. 그 방법의 하나로, 학생의 부모나 조부모 중 한 명을 학교에 초빙해서 그들의 인생 이야기를 들었다고 한다. 아이들은 이야기를 듣는 동안 노트에 필기를 하고, 이야기를 다 듣고 나서 질문을 했다. 수업을 마친 후에는 부모 또는 조부모에게 감사 편지를 써서 보냈다.

아이들은 부모나 조부모 세대가 겪은 인생의 고통을 들음으로써 자기들의 원류를 알고 창 너머 세계를 보며 정신적으로 성장한다. 역사와 전통의 고리 안에 살고 있다는 사실을 아이들이 자각하므로 조부모 세대와 유대감이 생긴다. 마빈 토케이어는 "과거를 잃은 자에게는 미래도 없다. 과거를 파괴하는 것만큼 큰 죄는 없다"라고 말한다.

손자녀가 다니는 교회학교를 방문하라

집에서 성경책을 읽어 주고 축복기도해 주는 것 이상으로 의미 있는 것이 아이가 다니는 교회학교를 함께 방문하는 일이다. 교회학교는 금쪽 같은 내 손자녀의 영혼을 양육하는 곳이다. 여기에 가면 손자녀들을 만날 수 있다. 영아부는 할아버지, 할머니들이 손자녀를 데려와서 예배드리거나 잠깐이라도 들르는 분들이 있다. 그런데 초등부 교회학교에서는 조부모는커녕 부모들도 찾아보기 힘들다. 이러한 관행을 깨뜨리기 위해서 몇 가지 어렵지 않은 일을 추천한다.

첫째, 1년에 한두 번은 아이의 예배실을 찾아가서 선생님과 인사하고, '아무개의 할아버지(할머니)'라고 쓴 작은 화분을 아이의 예배실 강단에 올려 보자. 이때 "하나님, 우리 손주 아무개가 여기 있어요"라고 기도하는 것을 빠트리지 말자.

둘째, 여유가 된다면 '부활절 맞이 대청소의 날'처럼 하루를 정해 손자녀가 예배드리는 예배실을 깨끗이 청소해 보자. 할아버지, 할머니가 청소해 준 예배실에서 귀여운 손자녀들이 찬송을 드리고 예배를 드릴 수 있도록 하자. 교회의 여건상 초등부보다는 유년부일 때 청소가 더 수월할 것이다. 그런 일을 어떻게 하나 싶은가. 몇 해 전 세상을 떠나신 분당우리교회의 82세 강춘봉 할아버지는 주일이면 아침 일찍 교회에 나오셔서 교인과 아이들이 앉을 1인용 의자를 펴 놓는 일을 10년이나 하셨다.

셋째, 손자녀가 소속된 주일학교의 담당자를 만나 의논하여 '조부모 기도 초청의 날'을 정해 보자. 예배 중 대표기도를 조부모가 하는 것이다. 대표기도는 3분을 넘어서면 안 된다. 기도를 하기 전 사회자는 "오늘은 우리 친구 ○○(이)의 할아버지 ○○○님이 축복 기도해 주려고 오셨습니다"라고 소개한다. 교회학교 선생님은 조부모를 초청할 때 예배 순서지를 미리 보내 드리고, 한 주 전에 다시 공지해 드리도록 하자.

넷째, 가장 좋은 방법은 조부모가 직접 주일학교 교사가 되는 것이다. 손자녀를 사랑으로 돌봐 주는 손길이 절실하게 필요하다. 신명기 6장 5절이나 마태복음 22장 37절에서는 하나님을 '경외하라'고 하지 않고 "사랑하라"고 기록한다. 경외는 의무에 가깝지만 사랑은 마음에서 나온다. 의무는 수고하는 무거운 짐이 되지만 사랑은 천근을 짊어져도 새털처럼 가볍게 만드는 묘약이다.

편지로 사랑을 전하자

2021년 추수감사 주일, 한 선교단체에 봉사하러 갔다가 은사이신 김명혁 목사님을 만났다. 김명혁 목사님은 역사신학 교수이자 강변교회 담임목사이셨는데, 매주 아침이면 유아부에서부터 초중고 주일학교를 찾아다니며 아이들을 축복하셨다. 그뿐 아니라 영아부 아기가 아장아장 당회실에 놀러오면 안아서 재우기도 하고, 아이들과 사진도 찍고, 아이들이 좋아하는 스티커를 한 다발씩 갖고 다니며 나눠 주곤 하셨다. 그래서 아이들은 그분을 '할아버지'라 부르면서 따랐다. '스티커 할아버지'라는 별명도 붙었다. 우리가 생각하기에 큰 교회 담임목사님이라면 가까이 가기 어려울 법도 한데, 워낙 아이들과 친근하게 지내시니 아이들이 먼저 달려와 매달리곤 했고, 그때마다 김명혁 목사님은 아이들을 번쩍 들어 안아 주시곤 했다. 평일에는 아이들과 볼링도 치고, 남한산성에 놀러도 가고, 어린이 수련회에도 따라가서 같이 잠도 잤다. 나와 만난 그날도 가방에 스티커와 초콜릿이 가득 있었다. 다문화가정 아이들에게 나누어 주기 위해서라고 하셨다.

이제는 은퇴하신 목사님의 낡은 성경책 사이로 삐죽 나와 있는 카드와 편지 뭉치가 눈에 띄었다. 손주뻘 되는 아이들이 목사님에게 써 준 손글씨 카드와 편지라고 했다. 주일이면 아이들이 목회실에 와서 간식거리와 함께 슬그머니 놓고 가곤 했단다. 목사님은 그 편지들을 자랑스레 읽어 주셨다. 잊지 않고 답장해 주면 아이들은 그 것을 보물 1호라며 자랑스러워한단다. 나는 그날, 미래세대를 목회 하는 목회자의 일상을 배우고 헤어졌다.

우리도 손자녀와 편지쓰기 사역을 해 보면 어떨까. "20년쯤 전에 는 가능했겠지요. 요새는 이메일도 아니고 SNS에 문자메시지 시대 인데 손글씨 편지라뇨?"라며 가볍게 여기지 말자. 오히려 요새는 옛 문화를 추억하며 고전으로 돌아가는 것이 유행이 되곤 한다. 나이가 많은 조부모, 담임목사, 교회 원로들이 먼저 아이들을 사랑하는 마 음으로 다가가야 한다. 그렇게 목회의 영역을 넓히기를 바란다. 아 이들과 편지를 주고받으면 받은 편지들을 소중하게 모아 두고 있다 는 사실을 아이들이 알게 하는 것도 잊지 말자. 은퇴 목사들은 주일 학교 교사가 되자. 그럴 때 다음 세대가 바로 서는 실질적 교육을 할 수 있을 것이다. 김명혁 목사님의 편지 목회의 일부를 소개한다.

편지1

할아버지 목사님, 안녕하세요? 추수감사절에 저희 초등부에 와주셔서 감사 해요. 오래전인데도 제 이름을 기억해 주셔서 감사해요. 언제나 따뜻하게 반겨 주시고 예쁜 스티커도 주셔서 고맙습니다. 저를 위해 기도해 주시고 친손자처럼 대 해 주시는 김명혁 목사님! 저녁 예배에 자주 못 가서 죄송해요.

p.s. 사탕이랑 주스도 드립니다. 맛있게 드세요.

2008년 11월 16일. 지호 올림.

편지2

대통령보다 위대하고 푸른 초원처럼 마음이 넓으신 목사님께

목사님 안녕하세요? 저는 5학년 장원입니다.

목사님께 부탁드릴 일이 있습니다. 제가 1학년 때 부모님이 이혼을 하셨습니다. 제 꿈은 월드스타처럼 영어도 잘하고 세계적으로 유명한 가수가 되는 것입니다. 마지막 꿈은 우리 가족과 친척들이 건강하고 평화롭게 사는 것입니다. 제 부모님을 위해, 제 꿈을 위해, 제 가족의 건강과 평화를 위해 기도해 주시면 좋겠습니다. 물론 저도 기도합니다.

p.s. 잘 접지는 못했지만 미니카를 드립니다.

2008년 12월 13일. 장원 올림.

편지3

김명혁 목사님, 안녕하세요. 전 조익현이에요. 할아버지 목사님한테 궁금한 게 있어요. 목사님 나이 몇이세요? 한 90세 넘으신 것 같아요. 전 초등학교 6학년인데, 이제 중학교 가요. 중학교 가게 되니 너무 떨려요. 성적은 잘 나올까? 친구들 성격은 얼마나 나쁠까? 두려워요. 제가 공부 잘할 수 있도록 기도해 주세요. 저는 미래가 너무 두렵습니다. 서울대학교 못 가면 전 아빠 엄마 모두 잃습니다. 도와주세요. 꼭 들어주세요. 그리고 저도 목사님 오래 살게 기도할게요. 부탁해요. 사랑해요.

김명혁 목사님께

목사님 안녕하세요? 저 태인이에요. 목사님이 저희 교회 오셔서 정말 기뻤어요. 목사님 설교 중에 '편지를 쓰면 마음이 넓어진다'고 해 주신 말씀이 기억에 남아요. 그래서 목사님에게 편지를 쓰는 거예요. 왜냐하면 목사님처럼 마음이 넓어지고 싶어서요. 목사님, 저는 엄마와 아빠가 서로 친해졌으면 좋겠어요. 왜냐하면 엄마와 아빠가 떨어져 있으면 저와 동생이 많이 허전하고 우울해져요. 엄마와 아빠가 사이가 좋아져서 우리 교회에 왔으면 좋겠어요. 교회에서 기도하고 축복받았으면 좋겠어요. 꼭 기도해 주세요.

2009년 1월 13일 화요일.

목사님을 사랑하고 존경하고 기다리는 태인 올림.

김명혁 목사님께

안녕하세요? 저 성은이에요. 목사님께서 저희 교회에 세 번이나 오실 좋은 상상도 못 했어요. 그만큼 너무 기뻤고요. 5월 9일엔 대공원도 데리고 가 주셔서 감사합니다.

목사님, 기도 부탁이 있어요. 전에 사무실에서 말씀드렸는데 저희 아빠가 집에 안 들어오세요. 아빠가 집에도 들어오고, 교회도 다닐 수 있게 기도해 주세요. 우리는 엄마가 돈을 버시는데, 저희 엄마 건강을 위해서도 기도해 주세요. 저도 늘 기도

하고 있어요. 그리고 목사님께서 그러셨잖아요. 시간이 되면 남한산성 데려가 주신다고요. 말만 들어도 얼마나 기뻤는데요. 목사님 다음에 또 놀러오세요. 와주셔서 감사합니다. 그리고 사랑합니다. ♡

2009년 10월 5일. 성은 올림.

김태정 할머니의 손자녀 신앙 교육 이야기

김태정 할머니는 열 살 아음이와 여덟 살 아인이를 손자녀로 두었다. 그분의 손자녀 신앙 교육 사례가 본이 되어 소개한다. 그분의 글을 읽으면 디모데의 외할머니 로이스가 생각난다. 대한민국의 로이스를 만나 보자.

손녀가 태어나기 전부터 할머니가 될 준비를 했어요

결혼한 딸의 첫 임신 소식을 듣고서 '내가 할머니가 되는구나'라는 놀라움과 흥분, 그리고 솔직히 걱정도 되었다. 할머니가 될 준비를 해야겠다고 마음을 먹고는 직장에 다니는 딸을 대신해 태아 육아일기를 썼다. 국민일보를 구독하던 중 총신대학교에서 이영희 교수님의 이스라엘 자녀 교육 강의가 있어서 수강했고, 십계명, 유대인의 자녀 교육, 태교, 손자녀 신앙 교육을 모두 배웠다. 분기별 4학기 수업을 모두 마치고 서빙고 온누리교회와 성복교회에서 이영희 교수님이 가르치는 어린이 프로그램, 아기 사랑학교 현장학습도 참석했다. 배운 것을 손녀에게 전할 마음에 부지런히 필기를 하였다. 십계명에서 부모님 공경은 원래 하나님을 섬기는 계명 쪽에 있었다는 사실을 처음으로 알았다. 이스라엘 민족은 대대손손 같은 곡으로 하나님을 찬양한다는 사실과, 찬양을 대를 이어 전해야 한다는 것을 배웠다. 나중에 손녀가 태어났을 때 아들 딸을 양육하면서 부르던 찬송가를 불러 주었다.

성경책을 읽어 주었어요

아기가 태어나기 전부터 태교로 《두란노 어린이 그림성경》을 읽어 주었다. 이영희 교수님이 아이들은 눈으로 보는 것을 가장 빨리 습득하는 대신 그림이 없는 책을 읽어 주면 상상력이 발달한다며 장단점까지 들어 설명해 주시던 것이 생각났다. 진짜로 손녀가 조금 자란 후에 그림이 있는 이야기 성경을 읽어 주니 글씨보다는 그림의 어떤 색 옷을 입은 사람이 예수님이고 제자 베드로이고 노아인지 익히곤 했다.

나는 읽어 준 횟수를 기록으로 남기고 싶어서 성경을 읽기 시작한 날, 다 읽은 날을 성경 뒷장에 써 두었다. 손녀가 초등학교에 들어가기 전까지 스물일곱 번을 통독하여 주었다.

마침 집 근처 시립도서관에서 동화 구연 강의가 있어서 강의를 듣고 동화책 읽어 주기에 도전했다. 도서관 세 곳에 버스를 환승하면서 가서 동화책을 빌려다가 읽어 주었다. 외국 할아버지 한 분이 손주를 위하여 다섯 살까지 동화책 5천 권 읽어 주기를 목표로 삼았다는 기사를 보고 나도 도전했다. 초등학교 1학년 전까지 7천 권 정도를 읽어 주고 읽은 날, 책 제목, 출판사, 지은이, 그린이 등을 기록하여 남겼다.

손녀와 일대일 성경 레슨을 했어요

이영희 교수님께 배울 때 '손자녀에게 가르치는 하나님이 지으신 천지창조' 수업을 위해 카드를 만들었다. 카드에는 준비해 주신 그림을 오려 붙였는데, 천지창조를 설명할 수 있는 그림이었다. 카드는 두께감 있는 상자를 활용했다. 그랬더니 오래 사용하기 좋고 뒤집기도 수월했다. 여러 세트를 만들어 손녀는 물론 손녀 친구들과 노인대학 어르신들과도 함께 천지창조를 공부하며 복음을 전했다. 기억을 돕기 위한 몸짓을 연구해 만들어 봤다.

첫째 날, (오른쪽 검지를 앞으로 쭉 뻗으며) 빛!

둘째 날, (오른쪽 검지와 중지로 하늘을 가리키며) 하늘!

셋째 날, (양쪽 검지, 중지, 소지를 펴서, 오른손으로 왼쪽을 왼손으로 오른쪽을 가리키며) 땅과 바다!

넷째 날, (오른손 검지, 중지, 약지, 소지를 펴서 허공에 대고) 해!

(왼손 검지, 중지, 약지, 소지를 펴서) 달!

(오른손 검지, 중지, 약지, 소지를 허공에서 반짝이며) 별!

다섯째 날, (양 손 다섯 손가락을 펴서 하늘을 나는 모양을 하며) **하늘의 새!**

(양 손 다섯 손가락을 맞붙여 펴서 물고기 흉내를 내며) **바다의 물고기!**

여섯째 날, (양손의 엄지, 검지, 중지만 살짝 구부려 접주듯) **어흥 동물!**

(왼손 엄지만 펴고 오른손은 다섯 손가락을 다 펴서 수염을 쓰다듬듯이) **에헴, 사람을 만드셨어요!**

일곱째 날, (오른 손가락을 다 펴고 왼손은 검지와 중지만 펴서 오른 손바닥에 올려서 오른쪽 귀에 대고는 자는 모습을 취하며) **쉬셨어요!**

영어 성경 읽기에 도전했어요

손녀에게 성경을 읽어 주던 중 영어 성경을 읽어 주면 좋겠다는 생각이 들었다. 찾아 보니 손녀가 보는 이야기 성경책의 영어 버전이 있었다. 겨우 한글 읽기가 가능한 손녀는 한글 성경을 펴고 나는 영어 성경을 펴서, 손녀가 한글 성경을 한 줄 읽으면 나는 영어 성경으로 같은 부분을 읽었다. 영어가 부족한 나는 잘 모르는 단어가 나오면 사전을 찾아 가며 발음 공부를 하고 혀를 굴리는 연습을 했다. 그랬더니 손녀가 감탄하며 "할머니 영어 잘 읽는다!"라고 해 주어 어깨가 으쓱해졌다.

손녀가 초등학교 1학년이 되었을 때는 영어 예배를 드리게 하고 싶었다. 마침 집 근처에 있는 교회에 어린이 영어 예배가 있는 것을 알고는 주일에 함께 참석했다. 그런데 깜짝 놀란 것이, 그곳 목사님이 내가 평소 손녀에게 읽어 주던 성경책 그림을 자료로 하여 설교를 하셨다. 덕분에 낯설지 않게 예배를 드릴 수 있었다.

쯔다카 통을 직접 만들어 실천하고 있어요

쯔다카를 실천하기 위해 동전 통을 내 손으로 직접 만들었다. 스팸 통 큰 것을 깨끗이 씻고 플라스틱 뚜껑에는 동전을 넣을 수 있는 정도로 구멍을 냈다. 스팸 통에 동전을 넣으면 '땡그랑' 소리가 난다. 그 통에는 '이스라엘 축복 저금통'이라고 이름을 붙여 주었다. 동전을 넣을 때마다 "이스라엘을 축복합니다"라고 기도하게 하고, 어느 정도 모은 후에 이스라엘 선교 헌금으로 보냈다.

한번은 작은 손자가 저금통에서 돈을 꺼내는 것을 보고는 "이것은 하나님께 드린 헌금이야. 손을 대면 하나님의 것을 도둑질 하는 거야"라고 단호히 안 된다 말해 주었다. 그리고 회개기도를 하게 했다. 그 후로는 그 행동을 멈추었다. 아이들이 잘못했을 때는 하나님 앞에서 회개기도를 하도록 해야 한다.

질문에 정성껏 답해 주었어요

손주들과 식사하거나 간식을 줄 때는 언제나 기도를 했다. 한번은 "하나님! 가난한 나라의 어린이들은 먹을 것도 없고 깨끗하게 마실 물도 없는데 저희는 맛난 것을 먹고 깨끗한 물을 먹게 하시니 감사합니다. 예수님 이름으로 기도합니다. 아멘" 하고 기도했더니 손녀가 "왜 공부를 열심히 하고, 왜 돈을 열심히 벌어야 해?"라고 물었다. 그래서 "하나님 나라를 위하여 사용하고 어려운 사람도 많이 도와주며 살아야 하는 거야"라고 가르쳐 주었다.

아이들이 어려서부터 선교와 구제에 대해 관심을 갖고 아끼며 나누는 삶을 살도록 가르쳐야 한다고 생각해서 "할머니는 바누아투의 아이들을 후원하고 있어"라고 알려 주었다. 어려운 나라의 아이들이지만 하나님을 믿고 행복해하며 찬양하는 동영상도 보여 주었다. 말씀을 들려주면 싫다는 말 한 번 없이 순종하며 듣고, 성경 말씀과 선포기도문도 큰 소리로 암송하고, 찬양도 함께 부르고, 집회에도 열심히 참석하여 준 손주들에게 감사했다.

아이스크림 십일조를 받았어요

아이들에게 아이스크림을 줄 때는 "십일조!"라고 하며 할머니에게 한 입 주게 했다. 그러면서 용돈이 생기면 반드시 10분의 1을 떼어서 하나님께 헌금하라고 가르쳤다. 우리 가족은 가정예배를 드리고 그때 드린 헌금은 선교헌금과 구제헌금으로 사용한다. 한번은 가정예배 시 헌금 시간에 손자가 세뱃돈을 받은 것에서 만 원을 선뜻 헌금했다. 그것을 보더니 손녀가 자기 방에 들어가서는 한참 후 나왔다. 아이 아빠가 농담처럼 "천 원짜리 찾느라고 늦었니?"라고 하자 손녀는 "새 돈 찾느라고 늦었어"라면서 만 원을 헌금했다.

손자녀과 함께하는 등하굣길은 전도하기가 쉬워요

집에서 학교를 데려다줄 때는 걸어가면서 십계명을 암기했다. 1계명부터 10계명까지 순서대로 암송하며 부연 설명도 해 주었다. 집에서는 거실 창에 십계명을 붙여 놓고 익히게 했다.

손자녀 등굣길에는 또래 아이들을 많이 만나는데, 시간이 없어 복음 제시까지는 어렵지만 그래도 얼굴을 익힐 수 있어 좋았다. "주일에 예배드리러 와" "공부 열심히 해" 정도의 말은 할 수 있었다. 하굣길에는 아이들이 분산되어 나오지만, 내 손자녀와 친한 친구와 함께 하교할 수 있기에 잠시나마 전도 물품을 주며 복음 제시를 할 수 있었다. 요즘은 학교 앞 전도가 쉽지 않지만, 내 손자녀에게 신앙훈련을 시켜 전도자로 세운다면 좋겠다.

교과서 앞 장에 말씀을 붙여 주었어요

손녀가 초등학교 들어가면서 말씀을 써서 코팅하여 교과서 앞 장에 붙여 주었다. 유대인 부모들은 아이의 교과서에 격려사와 성경 말씀을 써서 붙여 놓는다고 한다. 아이들은 공부하기 전에 말씀 읽고 기도할 수 있으니 좋다.

기도를 가르쳤어요

학교에서 점심을 먹기 전 두 손을 모으고 작게 소리 내어 식사기도를 하도록 가르쳤다. 가족이 외식할 때는 식당에서 소리 내어 대

표기도를 해서 아이들에게 본을 보여 주었다.

친구를 위해 기도하게 했어요

같은 반 친구 이름을 써 놓고 기도하도록 가르쳤다. 전도하고 싶은 친구가 있으면 전도해 보고, 나중에 할머니에게 말하면 함께 기도해 주겠다고 했다. 친구를 집에 초대하여 맛있는 것도 만들어 주었다.

어린이 그림성경을 선물했어요

친한 교우들이 첫 손주를 보면《두란노 어린이 그림성경》을 선물로 주었다. 시집가지 않은 조카들에게도 미리 선물로 주고는 임신하면 태아 교육으로 성경을 읽어 주라고 권면했다. 처음 손자가 태어났을 때는 이영희 교수님 수업에서 배운 강보에 관심이 생겨 직접 만들어 보고 싶었지만, 수를 잘 놓을 줄 몰라서 망설이는데 지인이 말씀 조끼를 선물로 보내 주었다. 나는 강보 대신 한글과 영어 버전의《두란노 어린이 그림성경》을 선물했다.

병원에서도 성경을 읽어 주었어요

여덟 살이 된 손자는 집에 들어오면 손 씻고 가장 먼저 성경책을 읽고 공부하는 습관을 기르고 있다. 손자가 아파서 병원에 입원한 적이 있는데, 그 아픈 중에도 성경 보기를 좋아해서 직접《두란노 어린이 그림성경》을 싸 들고 가 읽어 주었다. 내가 바쁠 때에는 할아버지가 대신 읽어 주었다.

손자녀에게 성장 장려금을 주었어요

믿음 안에서 잘 성장하라는 격려 차원에서 분기별로 성장 장려금을 지급하였다.

손자녀를 두신 조부모님들에게 당부하는 말

우리 자녀 안에 예수님이 없다면 전도서 말씀처럼 헛되고 헛된 것뿐이다. 신명기 6장 4-9절의 말씀을 가슴에 새기되, 흐려지지 않도록 깊이 각인해야 할 것이다. 경제적, 시간적 여유가 있고 신앙의 경륜이 있는 우리 할머니 할아버지들이 먼저 솔선수범하여 본을 보여야 한다. 손자녀들의 신앙 교육에 무관심하지 말고 이것이 우리의 본분이요 사명임을 인식해야 한다. 하나님의 사랑을 우리를 통하여 보여 주자. 하나님의 자녀로 자긍심을 심어 주며 하나님이 함께하심을 인식시켜 주자. 하나님의 계명을 지키는 다음 세대로 세워 가자.

손자녀가 스무 살이 되기 전에 할 일이 있다

많은 조부모가 "우리 손주가 스무 살 될 때까지 내가 살 수 있을까?"를 염려한다. 그러나 그 전에 조부모로서 스무살을 맞을 손자녀에게 무엇을 가르쳐야 할지를 먼저 생각하자.

스무 살이 넘으면 습관화된 버릇을 계속하려는 '관성의 법칙'을 따른다. '관성(慣性)'이란 '버릇 관'자에 '성질 성'자를 쓰는데, 멈춰 있는 버스나 기차가 갑자기 출발할 때 승객이 여전히 멈춰 있으려는 성질 때문에 뒤로 넘어질 듯 휘청이는 현상을 말한다. 출애굽한 이스라엘의 20대들은 출발하자마자 뒤로 자빠지듯이 애굽으로 자빠지는 세대였다. 자격지심, 열등감, 자신들은 메뚜기 같다는 낮은 자존감이 자꾸 뒷걸음질하며 과거의 노예로 도망치려 했다. 그들을 넘어지지 않고 바로 세우려면 더 강한 힘이 필요했다. 그래서 하나님은 이스라엘 백성이 광야로 나왔을 때 세대를 끊어 내는 작업부터 하셨다(민 32:13). 성경은 그들을 두고 삐뚤어진 세대(신 32:5), 패역한 세대, 진실이 없는 세대(신 32:20)라고 말한다. 하나님은 그들로 말미암아 40년 동안 근심하셨다.

"내가 사십 년 동안 그 세대로 말미암아 근심하여 이르기를 그들은 마음이 미혹된 백성이라 내 길을 알지 못한다 하였도다"(시 95:10).

이 시대야말로 하나님의 골칫거리, 근심거리가 아닐까. 불임, 피임, 난임, 독신, 비혼, 동성결혼 등, 온갖 가치관이 난무한다. 오죽하면 임신과 출산을 포기하고 그 자리를 동물이 대신한다. 신앙의 세대가 끊어진다는 것은 세상이 하나님의 저주 속으로 마치 블랙홀처럼 빨려 들어간다는 경고요 자폭이라 할 수 있다. 물론 어느 시대나 3~4대를 주기로 오르막과 내리막을 반복하기는 했다. 우리가 직면한 이 내리막 시대에서 조부모가 다음 세대를 위해 남길 유산은 예수 신앙이다.

하나님은 애굽에서 나올 때 20세 이상 된 성인들은 광야에서 다 죽게 버려두셨다(민 32:11 참고). 이 말씀이 주는 경고는 스무 살이 안 된 아동이 탈선한다면 부모와 조부모는 그 책임에서 벗어날 수 없다는 것이다. 그러므로 신앙 바통을 다음 세대에 쥐여 주어서 그들이 이어달리기를 계속하게 하려면, 그들의 귀에 누누이 들려줘야 할 가르침이 있다. 이 세 마디를 명심보감으로 삼기를 바란다.

"결혼은 하나님이 계획하신 것이란다."

"결혼하면 하나님이 엄청난 선물을 주신단다."

"그 선물은 바로 '사람'이야."

22년 전 일본으로 교육 탐방을 다녀왔다. 일본은 우리보다 먼저 저출산 문제가 대두되었는데, 당시 자국의 저출산을 염려하던 교육자들은 고심 끝에 유치원 교과서에 "결혼은 참 행복한 거예요"라는 과목을 넣자고 건의했다는 말을 들었다. 이미 다 큰 아이들에게 결혼 이야기를 꺼내 봐야 듣지도 않고 효과도 없으니 어려서 결혼관을 심어 줘야 한다는 것이다. 20년을 내다보고 가르친 결혼 조기교육 결과 일본의 출산율은 최근 들어 회복 단계에 있다.

남의 나라 일이 아니다. 최근 우리나라 출산율은 가임여성 한 명당 한 명 미만으로 떨어졌다. OECD 국가 중에서도 최저점이다. 그야말로 '인구절벽' 벼랑 끝에 몰렸다. 젊은이들의 늦어지는 결혼, 현저하게 저조한 출산율, 자녀의 독신생활로 인해 부모는 80세가 되어도 증손은커녕 손자녀 보기도 힘든 세상이 되었는데, 이것은 둘째 치고 나라 경제의 근간이 흔들리는 지경이다.

어릴 때 결혼의 꿈을 일찍이 심어 주어서 결혼을 앞당겨 주는 것도 미래 세대인 손자녀 교육 중 중요한 하나다. 나이 어린 손자녀에게 미래 준비 교육으로 결혼과 자녀 출산의 소명을 일찍부터 가르쳐야 한다. 나는 유대인들이 8일 된 아기 할례식 때 아기의 결혼과 배필을 위해 기도하는 기도서를 읽고 놀랐었다. 하나님이 인간에게 주시는 일곱 가지 복 중에 '몸의 자녀의 복'(신 28:3-5)은 이 세상을 믿음의 자손들로 번영시킬 사명을 모든 기독교인에게 부여하신다는 뜻이다. 하나님 나라의 자손 잇기는 신앙인의 사명이다.

"네 나라에 낙태하는 자가 없고 임신하지 못하는 자가 없을 것이라 내가 너의 날 수를 채우리라"(출 23:26).

chapter 5

백일과 돌잔치도 조부모 역할이 중요하다

�֍
♥

백일과 돌잔치는 세대 통합의 날

성경에는 인생의 마디마다 통과 의례가 있다. 기독교는 의식(예전, 의례)의 종교다. 유월절 (Pass over)도 '통과한다'라는 뜻이며 엿새 중에 하루를 분리해 거룩하게 하는 주일예배도 일종의 새로운 한 주를 시작하는 통과 의례다.

레위기 19장과 누가복음 2장은 아기 율법서라고 할 만큼 갓 태어난 아기에 관한 양육 조항들이 자세히 기록되어 있다. 특히 오늘날 이스라엘 유아교육의 학령 구분과 학제가 레위기 19장 23-25절 말씀에 근거하고 있다. 23절에 "… 곧 삼 년 동안 너희는 그것을 할례 받지 못한 것으로 여겨 먹지 말 것이요"라는 말씀은 세 살 미만 아기들을 향한 것이다. 이 말씀은 세 살 미만 아이를 더러운 그릇에 비유한다. 더러운 그릇에 담긴 음식을 누가 먹겠는가. 일단 그릇을 깨끗이 닦고 나서 음식을 담듯이, 세 살 미만 아이는 기도와 예배로 품행을 닦는 시기다. 할례식 전날 밤(생후 7일째 밤)의 아기 위로 예배나 생후 30일에 치르는 속전식이 여기에 해당한다. 원죄를 갖고 태어난 아이의 본성을 닦는 통과 의례다. 24절에 "넷째 해에는 그 모든 과실이 거룩하니 여호와께 드려 찬송할 것이며"라는 말씀은 네 살 아이들을 향한 것이다. 이 시기는 그릇을 닦아 이제 거룩해졌다. 네 살이 되면 듣고 이해하는 능력이 발달하면서 의사소통할 수 있다. 우뇌가 발달하는 이 시기는 여호와를 찬양하도록 해야 한다. 25절에 "다섯째 해에는 그 열매를 먹을지니…"라는 말씀은 다섯 살 아이들을 향한 것이다. 다섯 살이면 우뇌와 좌뇌가 통합된다. 아이에게서 학습 효과를 본다. 배운 대로 열매 맺는 시기다. 또 25절은 "… 그리하면 너희에게 그 소산이 풍성하리라 나는 너희의 하나님 여호와이니라"라고 말씀을 맺는다. 이 아기 율법들을 준수할 때 아기는 튼실한 나무처럼 자라 영향력 있는 사람이 된다는 뜻이다.

누가복음 2장에서는 할례, 속전식 등 구약이 말한 아기 율법들을 언급하는데, 아기 예수께서 이 율법을 모두 이행했다고 기록되어 있다(눅 2:21-24, 39, 41). 성경처럼 아기를 세밀하고 정교하게 감독하는 책은 세상 어디에도 없을 것이다.

우리 풍습에도 아기들의 통과 의례가 있는데 백일, 첫돌이 있다.

가족, 교회, 세대를 하나로 묶는 밴딩효과를 위해 가장 적절한 때가 바로 백일과 첫돌잔치다. 이날은 가족과 친지를 하나로 묶는 결속 잔치이자 세대 통합의 날이다. 가족과 공동체를 묶는 아기의 힘이 대단하다. 가족의 해체로 신앙공동체의 연대감이 필요한 이 시대에는 더욱더 그렇다. 아기는 비록 어리나 친가와 외가를 결속시키고 신앙공동체를 만드는 마법의 자석 역할을 한다. 거기다 믿지 않는 친척이나 친구, 직장 동료, 선후배들에게는 생명 복음 전도의 기회가 될 수 있다. 아기 덕분에 가문은 빛나며 하나님 나라는 부흥한다. 또한 아기는 이날 "나 잘 키워야 해"라는 다짐이라도 받듯이 부모에게 부모 됨을 상기시키고 또한 부모를 부자로 만든다. 예수께서 아기 시절에 받은 황금과 유향과 몰약 선물은 피난살이의 살림 밑천이 되었을 텐데, 아기에게 금지환을 주는 우리네 전통과도 비슷하다. 아브라함의 이유식 잔치가 보여 주듯이 예배 없는 잔치(party)는 먹고 마시고 당(party) 짓고 싸우지만, 하나님을 경외하는 의식으로서의 잔치(ceremony)는 그야말로 재정(money)이 넘친다.

미래의 출발선에 선 아기를 응원하자! 다음 세대의 주자인 아기 손에 신앙 바통을 꼭 쥐여 주자! 백일, 첫돌을 맞는 손자녀에게 조부모의 역할을 다하자.

백일 동안 건강하게 해 주심을 감사

백일은 친가와 외가, 즉 사돈 간에 친밀해질 기회다. 아기는 두 집안의 열매요, 그런 의미에서 이날은 경사스러운 날이다. 아기 덕분에 가까운 친구나 동료와의 우정도 두터워진다. 복음 전도의 문으로 한 발짝 다가서게 된다. 보살피는 많은 사람에 둘러싸여서 받는 축복과 격려는 아기 자신은 물론이고 엄마의 기운까지 북돋워 줘서 산후 후유증을 이기게 해 준다. 온 가족에 둘러싸인 아기는 가족의 건강, 교정, 화합, 회복으로 답례한다.

사실 요즘은 모유 수유가 어려우면 분유로도 영양 공급이 충분하고, 때마다 정기검진과 예방접종을 할 수 있어 건강 상태가 양호해 백일에 큰 의미를 두지 않는다. 그래서 아기 백일잔치를 생략하거나, 가족 간 친목을 다지는 정도로 마치기도 한다. 그러나 백일잔치는 아기가 백일 동안 건강하게 자라 준 것에 대해 하나님께 감사하는 날임을 꼭 기억해야 한다. 밸런타인 데이다 핼러윈 데이다 온갖 이벤트가 판을 치는 세상에서 아기의 백일잔치까지 이벤트로 전락해서는 안 된다. 아기의 백일잔치는 이벤트가 아니라 예배다. 먹고 마시고 돈을 다 써 버리는 어른들의 잔치가 아니라는 말이다. 이날의 행사는 검소하고 조촐하게 예배 예식이 되도록 해야 한다. 또 새로 태어난 아이의 육체적 필요를 공급해 주는 것처럼, 영적 필요를 채우는 것도 의무이다. 따라서 이날은 더욱 집안 어른인 조부모의 역할이 중요하다.

나는 내 손자녀의 백일과 첫돌 예배 순서지를 직접 만들어서 준비했다. 고맙게도 지인들이 순서지를 참고해 자기 손자녀 백일잔치를 예배 예식으로 치렀다며 멋진 사진을 보내 주었다. 여기에는 순서지뿐 아니라 준비 과정 전반을 소개한다. 순서에는 친조부모와 외조부모의 역할도 넣었다. 미리 사회자도 섭외해 두자. 이모, 고모, 삼촌 등이 좋다. 각자의 상황에 따라 가감하여 사용할 수 있다면 더할 나위 없이 기쁠 것이다.

부모의 준비물

백일 축복 말씀 카드(부록 참고), 말씀 카드를 담아 둘 그릇, 태어나서 백일 동안 동전이나 지폐를 모은 백일 저금통, 포장된 백설기 떡(축하객의 예상 인원수만큼 준비한다), 축하객에게 대접할 음식.

장소

아이의 집이나 또는 조부모의 집이 넓다면 그곳에서 해도 좋다. 집안 가구들을 틈틈이 정리하고 집을 깨끗이 청소한다. 집이 마땅찮으면 교회 영아부실을 이용한다.

손님 맞기

아기는 조부모가 데리고 방에 있는 것이 좋다. 예배 예식 전까지는 아기를 안고 돌아다니지 않아야 한다. 하나님께 예배드리기 전에 아기가 영광을 받지 않도록 하기 위해서다. 축하객은 아기의 부모가 맞는다. 문 앞에는 축복 말씀 카드를 담은 그릇을 준비해 두고, 축하객들이 한 장씩 뽑도록 한다. 카드 뒷면에 축복의 글을 추가하거나 이름을 써서 지니고 있도록 한다.

백일 예배(예배는 20~30분 정도로 마칠 수 있도록 한다.)

1) 아기 입장과 찬송

사회자는 "오늘은 우리 가족이 하나님께 ○○○ 아기를 선물로 받은 지 백일 되는 날입니다. 하나님께 백일 예배를 드리겠습니다!"라고 선포하고, "아기 입장!"이라고 외친다. 그러면 방에 있던 할머니(또는 외할머니)가 아기를 안거나 보행기에 앉혀 나와서 부모에게 넘겨준다(사 46:3-4). 부모는 거실에 계신 할아버지(또는 외할아버지)에게 아기를 안겨 드리고, 할아버지는 아기를 품에 품고 보듬어 준 후 목사님 품으로 보낸다. 목사님은 아기를 보듬어 준 후 다시 부모에게 안겨 준다. 그러면 부모는 아기를 요람에 누이고 준비된 자리에 앉는다.

사회자는 아기가 방에서 안겨서 나올 때까지 축하객이 일어서서 손뼉을 쳐 환호하도록 인도한다. 단 아기가 놀라지 않도록 주의해야 한다. 그리고 아기를 인계하는 동안 다 같이 찬송가 564장 3절을 부른다. 가사에 아기 이름을 넣어 부르도록 하자.

"주를 사랑하는 ○ ○ (이)

이 세상에 살 때 주의 말씀 순종하면 참 보배로다

샛별 같은 그 보배

면류관에 달려 반짝반짝 빛나게 비치리로다"

2) 조부모의 축복 말씀 봉독

모두 자리에 앉고 조부모가 일어서서 성경을 낭독한다. 이 책에
서는 이사야 46장 3-4절 말씀을 권한다.

"야곱(아기 이름을 넣는다)의 집이여, 이스라엘 집에 남은 모든 자여, 내게
들을지어다. 배에서 태어남으로부터 내게 안겼고 태에서 남으로부터
내게 업힌 너희여, 너희가 노년에 이르기까지 내가 그리하겠고 백발
이 되기까지 내가 너희를 품을 것이라. 내가 지었은즉 내가 업을 것이
요, 내가 품고 구하여 내리라. 아멘."

3) 목사의 축사(10분 설교)와 축복기도

백일이나 첫돌예배에 목사님이 오셔서 아기를 위해 좋은 말씀과
축복기도를 해 주면 풍성한 예식이 되고 영과 육을 보듬는 축하 행
사가 되어서 두루 좋다. 때에 따라 유아세례를 베풀어 주기도 한다.
그러나 예식의 의미와 절차가 다르므로 겹치지 않게 따로 하는 것
이 더 좋다.

목사님이 "예수께서는 ○○○ 아기에게 건강과 부와 지혜를 주시고 성경 연구에서, 학업에서, 학업을 다 마친 후 직장에서, 결혼해 꾸리는 가정에서, 하나님의 인도를 받게 하소서"라고 축복기도 하면, 다 같이 아멘으로 화답하도록 한다.

4) 조부모의 축복문 낭독과 축봉송

조부모 중 한 분이 일어나 가문을 축복하는 축복문을 낭독한다. 양가 조부모가 손자녀를 본 소감 한마디를 할 수도 있다. 그리고 다 같이 가문 축복송을 부른다(악보는 부록 참고).

"○○(이)로 인하여 우리 ____씨 가문이 복을 누리고 번영하게 하소서, 예수 안에서.

○○(이)로 인하여 우리 ____씨 가문이 대대손손 주만 경외하게 하소서, 주님 오실 때까지."

5) 부모의 선서

아기의 부모가 아기를 안거나 유모차에 앉혀서 앞으로 나와 다음과 같이 선서한다. 사회자는 부모의 선서가 끝날 때마다 다같이 "아멘"으로 화답할 수 있도록 인도한다.

"(부모가 함께) 창조주요 복의 근원이신 주 여호와 하나님, 우리는 주께

서 선물로 주신 ○○○의 부모입니다. ○○(이)의 백일을 맞이하여 주
님께 감사드립니다.

(아빠) 하는 일마다 복을 받게 하소서. 이 아이의 재정적 후원자로서 인
격적으로 부끄럽지 않은 아버지가 되고자 하는 제 믿음을 지켜 주옵
소서.

(엄마) 이 아이가 평생토록 창조주요 생명의 주인이신 주 여호와 하나
님을 경외하는 믿음에서 떠나 살지 않게 하소서. 주의 교양과 훈계로
○○(이)를 양육할 수 있도록 성령님, 저를 붙들어 주옵소서.

예수님의 이름으로 기도드립니다. 아멘."

6) 쯔다카(구제) 예식

아기가 직접 백일 저금통에 동전을 넣는다. 조부모 중 한 명이 아
기의 손에 동전을 쥐어 주고 통에 넣도록 도와준다. 아기의 아빠는
백일 저금통을 들고 일어서서 다음과 같이 낭독한다.

"신명기 15장 11절 말씀에 '땅에는 언제든지 가난한 자가 그치지 아니
하겠으므로 내가 네게 명령하여 이르노니 너는 반드시 네 땅 안에 네
형제 중 곤란한 자와 궁핍한 자에게 네 손을 펼지니라'라고 하셨습니
다. 이 말씀에 순종해서 이 돈은 우리 아기가 태어나서 백일 된 날을
기념해서 이웃과 나누려고 모았습니다. 아기의 이름으로 이 돈을 어
려운 이웃을 위해 사용하겠습니다." (미리 도울 곳을 조사해 본 후에 구체적으로

아빠의 낭독이 끝나면 축하객이 다 같이 "아멘"으로 화답한다. 우리는 먹고 마시는 즐거움 속에서도 항상 가난하고 소외된 이웃을 생각해야 한다. 아빠의 낭독이 끝나면 사회자의 선창으로 다 같이 아기를 축복한다.

"아가야, 네가 네 손이 수고한 대로 먹을 것이라. 네가 복되고 형통하리로다. 아멘!
아가야, 너는 장차 세계를 먹여 살리는 사람이 되거라. 아멘!"

조부모, 이모, 고모, 삼촌 등이 배역을 맡아서 "빵 20개가 백 덩어리가 된 이야기(왕하 4:38-44)를 역할극으로 보여 주면 좋다. 10분 이내로 마칠 수 있도록 한다. 단 예배 전에 양가 가족이 만나 사전 연습을 해야 한다. 이것은 선택에 맡긴다.

7) 말씀 카드로 하는 축복식

축하객이 들어올 때 뽑아 둔 말씀 카드의 말씀을 낭송하며 아기를 축복해 주는 시간을 갖는다. 벽에는 말씀 카드를 걸어 둘 수 있도록 미리 준비하고, 축하객이 낭송을 마친 후에 카드를 직접 걸도록 한다.

8) 마침

주기도문으로 예배를 마친다.

부모의 감사 인사

아이의 부모가 나와서 인사한다.

"이 기쁨에 함께해 주신 여러분께 감사드립니다. 축복에 힘입어 ○ ○
(이)를 하나님 말씀으로 건강하게 키우겠습니다."

기념사진 촬영과 밥상 파티

가까운 식당을 예약하거나 집에서 식사를 준비할 수 있다. 먹기
전에 감사하고 먹은 후에 또 감사하자. 백일 상에는 흰색 음식들을
차린다(케이크, 백설기, 요구르트, 우유 등). 아기에게 미역국을 한 모금 먹
인다.

조부모는 예배를 마친 후 축하객, 이웃, 친지들과 백 개의 떡을 나
누면서 아기가 백 사람의 축복을 받게 한다. 방앗간에 떡을 맞출 때
스티커를 붙여 달라고 요청할 수 있다. 스티커에는 " ____월 ____일,
조부모 ○○○, ○○○ 부모 ○○○, ○○○ 아기 ○○○ 드림"이라고
적는다. 주일에 영아부에 가져와서 나누기도 한다.

그 밖에, 백일을 맞은 손자녀에게 성경책을 선물하는 것도 좋다.
성경책에는 할아버지, 할머니 이름과 축복의 말씀을 써서 준비한다.

첫돌 예배가 기독교 문화로 정착되기를

알고 지내는 교회 사모님이 교인의 아기 돌잔치에 다녀온 이야기를 들려주었다. 돌잔치는 전문 회사가 운영하는 멋지고 화려한 컨벤션 홀에서 열었다고 했다. 돌잔치 홀도 청실, 홍실, 엔젤 홀 등에 음식도 선비상, 대감상 등 다채로웠고, 부모는 왕과 왕비, 아기는 왕손이라는 의미로 궁중 돌복을 입고 앉아서 돌잡이 예식을 했단다. 그런데 여기저기서 "아가! 돈 잡아라!"라며 소리치는 어른들의 요란한 목소리에 제대로 된 예배도 드리지 못하고 왔다며 아쉬워했다.

손자녀의 첫돌은 가족과 친지뿐 아니라 교회의 기쁨이요 조부모에게도 의미 있는 예식이지만, 그보다 더 중요하게는 하나님께 아기를 부탁하는 예배다. 무엇보다 손자녀는 하나님의 소유요 그분의 것이다. 그런데 그런 중요한 날을 어른들의 축하 행사로만 장식했다니 안타까울 뿐이다. 이제라도 첫돌 예배가 기독교의 문화로 정착되기를 바라는 마음으로, 예식 전 과정의 방법과 준비해야 할 것들을 소개한다.

조부모의 준비물

아기에게 선물할 성경책, 금지환 또는 현금(이날 조부모는 손자녀의 장래를 내다보며 상속, 교육보험증서를 증여할 수 있다).

부모의 준비물

돌잡이 말씀 카드(부록 참고), 말씀 카드를 담아 둘 그릇, 축하객에게 나눠 줄 돌떡(수수팥떡), 태어나서 1년 동안 동전이나 지폐를 모은 저금통(백일 때와 마찬가지로 미리 아기 이름으로 보낼 곳을 정해 놓자), 아기에게 입힐 돌복(색동옷, 색동은 토라의 십계명을 상징한다. 색은 빛이다. 말씀을 잘 준행하겠다는 상징이다), 돌띠(옷을 묶는 긴 끈은 영원한 생명을 상징한다), 돌주머니(하나님의 말씀을 담아 돌띠에 매달아 준다. 돌띠, 돌주머니는 돌복을 살 때 포함되어 있기도 하다). 그 밖에도 돌맞이 날은 아침 일찍 일어나서 부모가 함께 기도회를 갖거나 새벽예배에 참석한다.

장소

백일과 마찬가지로 부모, 또는 조부모의 가정이나 교회 성전을 이용할 수 있다. 아늑하고 아름답게 장식한 홀이나 방으로 이루어진 곳이 좋다. 부탁드리기는, 교회가 예배당을 공식 예배 장소로만 사용하기보다 성도 가정에서 특별한 기념 예배를 드릴 수 있도록 장소를 제공해 주기를 바란다.

초대하기

부담을 주지 않는 범위에서 초대할 명단을 작성하고 연락한다. 가까운 친척이나 자주 왕래하는 친구, 교회 가족 정도가 좋다. 아기 부모의 지인도 참석할 테니 너무 많은 축하객을 초대하지 않도록 주의하자.

손님 맞기

아기 부모가 손님을 맞이한다. 문 앞에는 말씀 카드를 담은 그릇을 준비해 두고, 축하객들이 한 장씩 뽑도록 한다. 카드 뒷면에 축복의 글을 추가하거나 이름을 써서 다시 그릇에 넣어 둔다. 돌 예배도 백일 때처럼 예식 전에 아기를 사람들에게 선보이지 않도록 주의하자. 가능한 할머니가 데리고 방에 있다가 예식 시작과 함께 데리고 나오는 것이 좋다.

돌 예배(예배는 20~30분 정도로 마칠 수 있도록 한다.)

1) 아기 입장과 찬송

백일과 동일하다.

2) 조부모의 축사

먼저 아기를 위해 축사한다.

"○ ○(이)가 자라며 강하여지고 지혜가 충만하며 하나님의 은혜가 그의 위에 있더라, 아멘"(눅 2:40 참고).

다음으로 아기 부모를 위해 축사한다.

"여호와를 경외하며 그의 길을 걷는 자마다 복이 있도다. 네가 네 손이 수고한 대로 먹을 것이라. 네가 복되고 형통하리로다. 네 집 안방에 있는 네 아내는 결실한 포도나무 같으며 네 식탁에 둘러앉은 자식들은 어린 감람나무 같으리로다. 여호와를 경외하는 자는 이같이 복을 얻으리로다. 여호와께서 시온에서 네게 복을 주실지어다. 너는 평생에 예루살렘의 번영을 보며 네 자식의 자식을 볼지어다. 이스라엘에게 평강이 있을지로다. 아멘."(시 128편 참고).

3) 목사의 축사(10분 설교)와 축복기도

백일과 동일하다.

4) 조부모의 축복문 낭독과 축복송

백일과 동일하다. 다만 찬송은 찬송가 563장 "예수 사랑하심은"에 아기 이름을 넣어서 불러 주면 좋다.

"○○ 사랑하심

○○ 사랑하심

○○ 사랑하심

성경에 쓰여 있네.

5) 부모의 선서

백일과 동일하다.

6) 쯔다카(구제) 예식

아기가 직접 저금통에 동전을 넣는다. 조부모 중 한 명이 아기의 손에 동전을 쥐여 주고 통에 넣도록 도와준다. 사회자의 지시대로 축하객이 한목소리로 "아가야, 네가 네 손이 수고한 대로 먹을 것이라. 네가 복되고 형통하리로다. 아멘!"하고 화답한다.

아기의 아빠가 365일 동안 모은 저금통을 들고 일어서서 백일 때와 같이 낭독한다. 낭독을 마치면 축하객과 다 같이 "아가야, 세계를 먹여 살리는 사람이 되거라"라고 축복한다.

친가와 외가, 또는 지인 몇 명이 "5천 명을 먹인 보리빵과 물고기 이야기(요 6:3-13)"를 역할극으로 보여 주면 좋다. 10분 이내로 마칠 수 있도록 한다. 단 예배 전에 양가 가족 또는 역할을 맡은 사람이 만나 사전 연습을 해야 한다. 이것은 선택에 맡긴다.

7) 성경책 증여식

조부모가 준비한 성경책을 아기에게 선물한다. 이때 현금이나 증서를 넣은 봉투를 성경책 913페이지에 끼워서 선물한다(잠 3:16-17). 아기가 두 손으로 받아서 부모님에게 전달할 수 있도록 곁에서 도와준다.

8) 돌잡이 말씀 카드 잡기

말씀 카드 그릇을 아기 앞에 놓는다. 아기가 손을 넣어서 카드를 뽑도록 한다. 또는 바구니의 말씀 카드를 아기 앞에 쏟아 놓고 아기가 그중에 카드를 집도록 한다. 이때 아기가 여러 장을 집어도 좋다. 카드에는 축복자의 이름이 적혀 있을 것이다. 사회자가 이름을 호명하면 그가 직접 나와 말씀 카드를 회중에게 낭독하여 아기를 축복하고, 말씀 카드를 아기의 돌주머니에 넣어 준다. 아기와 사진 한 컷 찍을 수 있는 특권을 받는다.

9) 마침
주기도문으로 예배를 마친다.

부모의 감사 인사
아이의 부모가 나와서 축하객들에게 감사 인사한다.

기념사진 촬영과 밥상 파티
밥상을 차리는 동안 축하객들은 벽에 걸어 둔 긴 줄에 말씀 카드를 건다. 잔치를 모두 마치면 부모는 카드를 정리하여 아기 방이나 거실 벽에 장식해 둘 수 있다. 그밖에 선물로 들어온 금지환이나 현금이 있다면 부모가 잘 관리해야 한다. 아이의 장래를 위해 저축하도록 하자.

식사할 때는 먹기 전에 감사, 먹고 나서 감사하자.

돌상차림은 어떻게 해야 할까

상: 아기가 받는 돌상은 네모지지 않은 둥근 모양이 좋다. 아기가 모서리에 부딪히지 않도록 하기 위해서이기도 하고, 모나지 않게 살라는 의미도 있다.

꽃: 상에는 생화를 올리되 꽃은 꺾어서 화병에 담지 말고 화분에 심긴 것을 밥상의 양 끝 자리에 두 개 올린다.

성경책

전기 양초: 세상의 빛이 되라는 의미다. 임신했을 때 만든 말씀 강보가 있으면 아기가 앉은 뒤, 벽에 붙여 둔다.

쯔다카 통: 동전을 넣을 때 '쨍그랑' 소리가 나는 통을 사용한다.

돌 음식: 밥은 솥째 올리고, 과일과 음식은 광주리에 담아 올린다 ("네 광주리와 떡 반죽 그릇이 복을 받을 것이며"신 28:5). 그 밖에 수수팥떡, 노랑 참외, 포도, 수박, 사과, 꿀, 쌀밥 등을 올린다. 음식들에는 저마다 상징성이 있다.

- 밀과 보리―반듯하고 정의로움

- 사과와 꿀―꿀처럼 달콤한 인생

- 포도―가문의 대대손손 번영과 평화(시 28:3 참고; 포도는 다산과 번영을 상징한다.)

- 올리브―우두머리(지도자)가 됨(시 123:3 참고; 올리브유는 왕, 선지자, 제사장을 임명할 때 사용했다.)

- 국수와 잡채―장수와 복음의 성결(출 20:12 참고; 국수의 흰 색은 성결을 상징한다.)

  (*잡채에 들어가는 재료들: 검정 버섯―죄, 붉은 홍당무―보혈, 노랑 파프리카―천국, 하얀 팽이버

섯-죄 씻음, 녹색 부추나 청경채-그리스도의 장성한 분량으로의 성장)

- 인절미-끈기 있고 단단한 믿음의 사람(창 18:6 참고; 아브라함이 천사에게 대접한 음식. 이스라엘의 밀빵은 찰떡처럼 차지다.)

- 수수팥떡-예수의 보혈(붉은색), 악한 영을 쫓음(출 12:7 참고; 문인방과 설주에 바른 양의 피는 예수님의 보혈을 상징한다.)

- 백설기-신성과 순결(사 1:18; 우리 죄를 흰 눈과 양털처럼 희게 씻어 주심을 생각하며 감사하는 떡).

- 오색 송편-검정, 하양, 빨강, 노랑, 파랑 색은 글 없는 책의 복음 메시지를, 소를 넣은 송편은 속이 꽉 찬 사람을, 소를 비운 송편은 마음을 비운 넓은 사람이 되라는 의미

- 미나리(근채)-싱싱한 생명력과 자손 번창(마 23:23; 근채는 다년생 뿌리채소라서 계속 퍼진다. 성경의 사람들이 번창의 복을 상징하는 근채의 십일조를 드렸다.)

- 미나리 한 단을 청색, 자색, 홍색 실, 가늘게 꼰 베실로 묶어 올린다. 청색, 자색, 홍색 실과 가늘게 꼰 베실은 하나님의 성물을 네 겹 줄로 단단히 묶는 데 사용했다. 청색은 성부 하나님, 홍색(죽음)과 자색(부활)은 성자 예수님, 베실(죄 씻음)은 성령 하나님을 상징한다. 네 겹 줄은 4대손의 연결을 상징한다. 유대 사상에서는 세 겹 줄(3대)은 언젠가는 끊어질 수 있으므로(전 4:12), 네 겹 줄(4대 상징)로 동여매는 전통이 있다(출 25:4, 26:1, 26:31, 27:16)

chapter 6

조부모는 신앙 교육의
가장 좋은 파트너다

✿
♥

모여야 빛이 나는 모래처럼

히브리어 '미도르 레도르, 야카드'는 '대대손손, 함께 가자'는 뜻
으로, 유대 사회에서는 세대로부터 다음 세대까지(From generation To
generation) 대대손손 신앙 대물림을 말할 때 이 문구를 사용한다. 가족
은 서로를 의지하며 인생을 바른길로 인도하는 영원한 동반자다. 주
님 오실 날까지 세대에서 세대로 신앙이 이어지는 가문의 몇 가지
비결을 소개하고자 한다.

"³ … 나의 영을 네 자손에게, 나의 복을 네 후손에게 부어 주리니 ⁴ 그들
이 풀 가운데에서 솟아나기를 시냇가의 버들같이 할 것이라"(사 44:3-4).

먼저 가족 구성원 간 결속의 힘을 다져야 한다. '결속'이란 맺을 결(結)자와 묶을 속(束)자의 결합이다. 이 단어에는 "뜻이 같은 사람이 동지 의식을 가지고 굳건하게 결의를 다짐한다, 한 덩어리가 되게 동여맨다"라는 뜻이 있다. 사람들은 혈맹, 한 핏줄, 본이 같은 호적 등으로 결속을 다진다. 성찬 예식에서 마시는 붉은 포도주는 예수 그리스도와 한 몸 즉, 결속을 다지기 위한 피의 언약을 상징하는 것이다. 이와 같은 유대감이나 응집력은 교육에도 자주 적용된다. 신명기 6장 2절의 "너와 네 아들과 네 손자들이 평생에 네 하나님 여호와를 경외하"게 하라는 것은 3대가 여호와를 경외하도록 말씀의 끈으로 동여매라는 말로, 3대의 결속을 뜻한다. 즉 세대를 잇는 방편이 결속이라는 것이다.

성경은 세 겹 줄은 쉽게 끊어지지 않는다고 말씀한다. 이 말은 언젠가는 끊어질 수 있음을 암시한다. 또 "그들의 삼 대 후 자손은 여호와의 총회에 들어올 수 있느니라"(신 23:8)와 같은 말씀을 보면, 하나님도 3~4대가 지나면 웬만하면 노여움을 푸신다는 사실을 알 수 있다. 가문의 부요함이 3대를 못 간다거나 교육의 100년지 대계(3대) 같은 말들을 미루어 볼 때 3대 사이클로 순환되는 어떤 법칙이 있는 것 같다. 결속력도 마찬가지다. 3~4대가 지나면 결속이 느슨해질 수 있다.

"그 세대의 사람도 다 그 조상들에게로 돌아갔고 그 후에 일어난 다른 세대는 여호와를 알지 못하며 여호와께서 이스라엘을 위하여 행하신 일도 알지 못하였더라"(삿 2:10).

그러나 걱정할 것은 없다. 비종교적인 삶을 살다가 종교적인 삶으로 돌이킨 사람을 유대 사회는 '바알 테슈바(baal teshuba)', 돌아온 아들이라고 말한다. 이를 기본으로 하는 유대인들은 종교적 결속력이 약해진다고 해서 크게 동요하지 않는다. 바알 테슈바 운동이 있기 때문이다. 세계의 역사만 봐도 약 100년에 한 번씩 영적 대 각성 운동이 일어났다. 유다 왕실 역사도 3~4대에 한 번씩 의로운 왕이 나타나서 신앙 각성 운동으로 결속을 다지곤 했다.

이 원리를 받쳐 준 '한센의 법칙' 이론이 있다. 미국의 역사가 마커스 리 한센(Marcus Lee Hansen)은 "아들이 잊기 바랐던 것을 손자는 기억하길 바란다"고 했다. 세대를 건너 추구하는 바가 통한다는 말이다. 예를 들어 아들은 신앙을 버렸는데 손자는 아버지가 잊은 그것을 기억해 내려고 한다. 이른바 '한센의 법칙'이다. 이 법칙에 따르면 조부모야말로 손자녀에게 신앙을 교육하기에 가장 적절한 파트너다.

성경에서도 이 법칙을 뒷받침해 줄 사례를 발견할 수 있다. 모세의 동역자 중에 유다의 6대 후손인 '훌'은 아론과 함께 모세를 도왔다. 르비딤에서 이스라엘이 아말렉과 싸울 때 모세가 손을 들면 이스라엘이 이기고 내리면 아말렉이 이기게 되자, 훌은 해가 질 때까지 모세의 팔을 들어 올렸다(출 17:10-12). 또한 모세가 시내 산에 올라가 십계명을 받느라 이스라엘 백성을 떠나 있었던 40일 동안 아론과 함께 백성을 관할하기도 했다(출 24:14). 훌의 아들은 '우리'인데 하나님은 한 세대를 건너뛰어서 그의 손자 브살렐을 들어서 성막의 기구를 제작하게 하셨다(출 31:2, 35:30-36, 대하 1:5).

하나님은 이스라엘이 하늘의 별처럼(신 1:10), 바다의 모래처럼(창 32:12) 번성할 것이라고 하셨는데 유대 사회는 이 말을 '기질'의 측면에서 분석한다. 별은 그 하나로도 빛을 내고 개성을 드러내는 반면에, 모래알은 개별적으로 보면 아무짝에도 쓸모없다. 이 별 볼 일 없는 모래알이 모여서 결속될 때 아름다운 백사장을 만든다. 별과 모래는 개성과 집단의 조화를 말한다.

그렇다면 우리가 세대를 거슬러 결속을 유지하려면 어떻게 해야 할까?

자동 결속이 되는 시기를 놓치지 말라

아기의 타고난 능력 가운데 '찰싹 달라붙기'가 있다. 어머니의 젖꼭지를 찾아서 달라붙고, 아빠 바지에 매미처럼 달라붙어서 떨어지지 않는다. 이것은 어쩌면 하나님께 달라붙기 위한 연습이다. 그렇게 착 달라붙으려는 본능에 위협을 느끼면 아기는 분리불안을 느낀다. 존 볼비(John Bowlby)의 '애착이론'을 보면 유아들은 애착 대상인 양육자를 근처에 두고 자기의 안전 기지로 삼는다. 양육자가 눈에 보이지 않으면 분리불안, 격리불안을 느낄 정도로 집착이 대단하다. 이 달라붙는 시기가 교육의 찬스다. 학생이 선생에게 꼭 붙어 있는 이때는 가장 좋은 교육의 기회다. 선생만 보면 달아나는 아이를 붙들고 교육하기란 쉽지 않다. "벽돌에 글자를 새기려면 굽기 전에 새기라"는 말처럼, 거룩한 말씀을 마음 깊이 새겨 주려면 달라붙는 초기의 발달을 놓치지 말아야 한다.

> "네 자녀에게 부지런히 가르치며 집에 앉았을 때에든지 길을 갈 때에든지 누워 있을 때에든지 일어날 때에든지 이 말씀을 강론할 것이며"(신 6:7).

이 말씀은 앉으나 서나, 자나 깨나 부지런히 가르치라는 명령이다. 껌딱지처럼 착 달라붙어서 자동 결속이 되는 유아 시기를 놓치지 말라는 뜻으로 보인다. 사실 이 유아 시기야말로 조부모들의 현장 교육 투입이 절실하게 필요하다. 엄마가 육아휴직을 마치고 복직해야 하는 때가 바로 이 유아 시기이기 때문이다. 그런 상황에서 하나님은 아이의 조부모에게 "너희가 건너가서 차지할 땅에서 행할 것이 이것이니, 너와 네 아들과 네 손자들을 앉으나 서나 자나 깨나 부지런히 가르치라"라고 명령하신 것이다.

나이 들면 아들에 며느리, 손자녀까지 다 모여서 교육 대상 인원이 배로 늘어난다. 학생이 많아진다는 것은 얼마나 좋은 일인가. 게다가 손자녀의 나이가 어릴수록 조부모들은 젊은 편이라서 아이를 돌볼 기력이 있다. 이때 하나님을 경외하는 말씀 한 수저를 생활에 얹어 먹이면 된다. 이것이 조부모에게 주신 사명이다.

"마땅히 행할 길을 아이에게 가르치라 그리하면 늙어도 그것을 떠나지 아니하리라"(잠 22:6).

세대와 세기를 거슬러 결속을 이루는 법

어릴 때에야 자동 결속이 이루어진다지만, 손자녀들이 자라면 자동 분리가 된다. 그럴 때는 세대를 거슬러 즐겁게 어울릴 수 있도록 노력해야 한다. 청년과 노인, 노인과 아이들이 세대 차를 극복하고 어울릴 수 있는 방법이 있을까?

"¹³ 그때에 처녀는 춤추며 즐거워하겠고 청년과 노인은 함께 즐거워하리니 내가 그들의 슬픔을 돌려서 즐겁게 하며 그들을 위로하여 그들의 근심으로부터 기쁨을 얻게 할 것임이라 ¹⁴ 내가 기름으로 제사장들의 마음을 흡족하게 하며 내 복으로 내 백성을 만족하게 하리라 여호와의 말씀이니라"(렘 31:13-14).

하나님의 눈에는 처녀, 청년, 노인이 그저 다 아이들이다. 하나님의 자녀요, 백성이다. 시편 148편 12-13절에 보면, "총각과 처녀와 노인과 아이들아 여호와의 이름을 찬양할지어다"라고 했다. 아기 예수님은 노인이 부르는 찬송을 들었다.

"시므온이 아기를 안고 하나님을 찬송하여 이르되"(눅 2:28).

시므온은 나이가 많았고, 성령의 지시를 받던 사람이다(눅 2:26). 그런 그가 생후 40일 된 신생아 시절의 아기 예수를 품에 안고 찬송을 불렀다. 아기 예수는 노인의 품에 안겨 그의 찬송 소리를 들었다. 기독교 유산 중에 성경책만큼이나 오랜 전통을 가진 책이 찬송가다. 찬송가 대부분이 짧게는 3~5백 년 전, 길게는 1~2천 년 전부터 성도의 입에서 불려 온 곡이다. 찬송가 3, 4, 7장은 2세기 성도가 부르던 가사의 곡이니 그 역사가 무려 2천 년이나 된다. 예수께서 승천하신 지 불과 얼마 되지 않았을 때 바울과 사도들과 카타콤 성도들이 불렀다. 130장, 133장은 4세기, 59장, 167장은 6세기 때 불리던 노래다. 실로 대대손손, 자자손손 이어져 왔다. 만약 우리가 이 노래를 즐겨 부르다가 천국에 가서 사도들이나 카타콤 신자들을 만난다면 결코 그들이 낯설게 느껴지지 않을 것이다. 세계 어디를 가든지 기독교인은 성경 말씀은 물론 찬송가로 결속된다. 성경책과 찬송가는 기독교인을 어제나 오늘이나 영원토록 세대와 시대를 하나로 묶는 결속의 끈이다. 주 하나님은 "총각과 처녀와 노인과 아이들"이 한 자리에서 드리는 찬양을 받기 원하신다.

할아버지의 교회에 아버지, 나, 내 자녀가

우리 교회를 들여다보자. 과연 "총각과 처녀와 노인과 아이들"이 세대를 거슬러 한목소리로 부르는 찬양곡이 있는가. 유치부에서 부르던 노래를 유년부에 가면 안 부른다. 초등부에 가면 또 다른 노래를 부르고, 중등부, 고등부에서 부르는 찬양곡은 또 다르다. 다른, 다른, 다른 찬양을 부르다가 모두 한자리에 모이면 다른 세대가 되어 있다. 그런데 만약 내 할머니가 불렀던 노래를 내 어머니가 부르고, 그 노래를 내가 부르고 또 내 자식이 부른다면 어떨까. 이렇게 기독교인은 세계 어디에 가든지 함께 부르는 찬송이 있어서 연합할 수 있다.

교회도 마찬가지다. 내 할아버지가 다닌 교회를 내 아버지가 다니고, 지금은 내가 다니고 있고 내 자녀가 다니는 것이다. 21세기 노마드(유목민) 인류에게 기대하기 어렵지만 성경의 신앙인들은 아버지, 그리고 그의 할아버지가 쌓던 예배 단을 찾아가서 응답을 받고 인생의 좌표를 찾았다. 그것은 지금도 영적으로 무관하지 않다(창 13:4, 35:1, 7, 46:1 참고). 예수님은 "습관을 따라 감람산에 가서서"(눅 22:39) 기도하셨다. 만약 인생의 어려움에 직면하면 조부모가 기도하던 곳,

부모님이 예배하던 곳을 찾아가서 기도할 것을 권면한다.

"네 선조가 세운 옛 지계석을 옮기지 말지니라"(잠 22:28).

그런 의미에서 기독교는 우리 문화에서 말하는 소위 '뼈대'와 같은 것이다. 과거에는 가문, 즉 '뼈대 있는 집안'이라는 것을 아주 중요하게 여겼다. 그 가문의 대가 끊어지는 것을 멸문지화로 여겼다. 후사가 없으면 양자를 들여서라도 가문의 대를 잇는 풍습이 있었다. 탈선한 사람을 두고 '근본도 모르는 자식'이라고들 말했다. 그런 배경 지식을 가지고 성경의 족보를 보고 있으면 감동적이다. 예수님의 혈육의 선조의 이름과 사적까지 담백하게 다 밝힌다. 우리가 중요하게 여겨야 할 것이 이 땅의 족보라는 말이 아니다. 마태복음 1장이 전하고자 하는 바는 그 예수님의 족보를 우리가 이어 나가야 한다는 의미가 아닐까.

"… 하나님의 창조의 근본이신 이가 이르시되"(계 3:14)

"그는 근본 하나님의 본체시나…"(빌 2:6).

"베들레헴 에브라다야 너는 유다 족속 중에 작을지라도 이스라엘을 다스릴 자가 네게서 내게로 나올 것이라 그의 근본은 상고에, 영원에 있느니라"(미 5:2).

신앙의 이어달리기를 하자

우리가 대대손손 신앙 대물림을 하려면 '이어달리기'가 중요하다. 에스라서를 읽으면 조상의 근본은 둘째치고 심지어 2,500년 전의 부엌살림, 찬장에 있는 접시에서 도둑맞은 그릇, 접시, 대접, 숟가락 숫자까지 대대손손 전해진 것이 정말 놀랍다. 나는 내 살림의 찬장에 접시가 몇 개인지, 수저가 몇 개 되는지 모르고 사는데 말이다.

"⁹ 그 수는 금 접시가 서른 개요 은 접시가 천 개요 칼이 스물아홉 개요 ¹⁰ 금 대접이 서른 개요 그보다 못한 은 대접이 사백열 개요 그밖의 그릇이 천 개이니 ¹¹ 금, 은 그릇이 모두 오천사백 개라 사로잡힌 자를 바벨론에서 예루살렘으로 데리고 갈 때에 세스바살이 그 그릇들을 다 가지고 갔더라"(스 1:9-11).

그러고 보면 성경은 참 별걸 다 기록하고 있는 것 같다. 대체 어떻게 이런 소소한 내용들이 보존되어 전해졌을까. 포로로 잡혀가면서 대접을 몇 개 빼앗겼다가 돌려받았는지 그 숫자까지 후손의 후손 입으로 전해진 것만으로도 하나님의 실존을 느낀다.

이스라엘 사람들은 밥그릇 숫자도 이어 왔는데, 성령 받은 우리는 주님 오실 때까지 신앙 바통을 전달하며 이어달리기하는 '신앙 가문'이 되어야 하겠다. 하나님은 "나의 복을 네 후손에게 부어 주리니"(사 44:2)라고 하셨다. 나이 오순(五旬)이 넘어서도 아이와 도란도란, 오손(孫)도손(孫), 자자손손 신앙 바통을 이어달리는 가문이 되자. 예수님은 "나는 부활이요 생명이니 나를 믿는 자는 죽어도 살겠고 무릇 살아서 나를 믿는 자는 영원히 죽지 아니하리니"(요 11:25-26)라고 하셨다. 나는 이 말씀을 '대대손손 믿음 잇기'로도 이해한다. 내 아들이 믿고 내 손자가 믿고 내 후손들이 믿는다면 나는 영원히 죽지 않는 것이리라.

하늘나라 대표 선수로 인생 필드에 선 우리는 신앙 바통을 들고 이어달리는 릴레이 선수다. 설령 대가 끊어져도 구사일생할 기회가 있으니 포기하지 말고 달려야 한다. 2016년 리우올림픽 육상 여자 400미터 계주 예선전이 생각난다. 미국의 2번 주자 앨리슨 펠릭스 (Allyson Felix)라는 선수가 3번 선수에게 바통을 넘겨주는 과정에서 실수를 했지 뭔가! 바통을 떨어뜨린 것이다. 3번 선수가 떨어진 바통을 주워 들고 뛰는 동안 다른 선수들은 이미 반 바퀴나 앞서 달려서 모두 결승점을 통과했다. 꼴찌로 들어온 미국은 예선 탈락이라는 고배를 마셨다. 그 예선전에서 뒤늦게 바통을 받고 혼자 트랙을 달린 미국의 4번 주자가 내 인상에 아직도 남아 있다. 그렇게 뛰어 봤자 꼴찌인데.

그런데 놀라운 일이 일어났다. 비디오 판독 결과 옆 레인의 브라질 선수가 선을 넘어와 앨리슨 펠릭스 선수의 손을 친 바람에 바통을 떨어뜨린 것이 드러난 것이다. 그래서 재경기를 치렀고, 미국의 여자 계주는 결승까지 올라가 1등을 했다. 네 명의 선수가 시상대에 나란히 올라 금메달을 목에 거는 모습이 감동적이었다.

유다의 멸망을 놓고 예레미야는 "여호와께서 그 노하신 바 이 세대를 끊어 버리셨음이라"(렘 7:29)라고 했고 그 말대로 뿔뿔이 흩어졌다. 70년이라는 세월이 역사에서 텅 비게 되었다. 그런데 그 끊어진 세대를 하나님이 이어 가신다. 모든 근원과 기원이 그분에게서 시작했고 현존하시기 때문이다.

"여호와께서 이르시되 내가 그들과 세운 나의 언약이 이러하니 곧 네 위에 있는 나의 영과 네 입에 둔 나의 말이 이제부터 영원하도록 네 입에서와 네 후손(your offspring)의 입에서와 네 후손의 후손(your offspring's offspring)의 입에서 떠나지 아니하리라 하시니라 여호와의 말씀이니라"(사 59:21).

Part 2

◇

축복의 사명자,
내일의 건축자

chaper 7

말씀 교육 1단계, 성경과 친해지자

✳
♥

손자녀 말씀 교육 자격 조건

많은 어르신을 만나지만, 처음부터 '손자녀 말씀 교육 사역자'의 사명을 체감하는 분들은 많지 않다. 다 늙어 무슨 재주로 손자녀를 가르치느냐고 도리어 역정을 내는 분도 있다. 그 말도 이해는 된다. 가르치기 싫어서가 아니라는 것도 안다. 젊어서는 아이 키우느라 정신없이 살아왔다. 자기 자녀도 성경으로 가르쳐 본 적이 없다. 그런데 손자녀 교육 운운하면 무슨 쉰 소리인가 할 수밖에 없다. 그러나 아직 팔팔한 에너지를 사장하기에는 너무나 아쉬운 나이다. 게다가 이 땅의 모든 조부모에게는 말씀 교육 사명자로서의 잠재력이 들끓고 있다.

우선 손자녀를 신앙으로 양육할 수 있을지 없을지 체크해 보자. 다음은 2~7세 손자녀에게 하는 교육 과목이다. 이 중에서 '안 배워도 할 수 있겠다'라고 생각되는 과목에 동그라미, '누군가가 가르쳐 줘서 배우면 할 수 있을 것 같다'고 생각되면 별표 해 보자. 아무래도 못할 것 같다면 빈칸으로 남겨 두자. 체크를 마치면 개수를 계산해 적어 보자.

1) 성경 말씀 읽어 주기 ( )

2) 성경 말씀 암송하기 ( )

3) 찬송가 같이 부르기 ( )

4) 동화책 읽어 주기 ( )

5) 구제(쯔다카) 통에 동전 넣기 ( )

6) 십계명을 게임으로 가르치기 ( )

7) 십계명으로 책 만들기 ( )

8) 교회나 신앙 교육 기관에 데리고 다니기 ( )

9) 축복해 주기 ( )

10) 사도신경 암송하기 ( )

11) 주기도문 암송하기 ( )

12) 도서관에 데리고 다니며 책 빌려오기 ( )

할 수 있는 것 _____개

배우면 할 수 있겠다고 생각하는 것 _____개

어떤가! 빈 칸보다 동그라미와 별표가 더 많다면 일단 자격은 갖춘 셈이다. 당신은 말씀 교육 사명자가 될 자격이 충분하다. 말씀 교육의 첫 단계는 성경책 선물하기다.

성경책 선물하기

해마다 손자녀 생일에는 성경책을 선물하기로 하자. 성경책을 우상처럼 모시라는 말이 아니다. 다만 현재 출판된 성경책의 종류가 많고, 버전마다 보는 재미가 있으니 다양하게 선물해 보는 것이다. 손자녀 집에는 성경책을 별도로 꽂아 둘 수 있는 공간을 마련해 주는 것도 좋다. 아이들 손이 가장 먼저 닿을 수 있도록 멋진 장소에 비치해 두어야 한다.

요즘은 휴대폰에도 성경책을 다운로드 받아 볼 수 있다 보니 교회에 갈 때도 성경책을 들고 다니지 않는다. 교회 안에 비치되어 있는 성경책도 먼지가 뽀얗게 앉아 있다. 그러나 종이 책을 읽을 때만 느낄 수 있는 것들이 있다. 게다가 성경책은 책장을 넘겨 장과 절을 찾으면서도 배우게 되는 것이 생긴다. 공부 좀 시켜 본 부모들은 아이가 핸드폰으로 성경책을 읽게 하지 않는다. 종이 책은 아이들에게 여러 면에서 유익하다는 것을 아는 것이다.

더군다나 온라인이나 전자기기를 켜고 끄는 일만 줄여도 지구 온난화를 줄일 수 있다고 한다. 성경책을 전자기기 대신 종이 책으로 읽는 일만으로도 이산화탄소 배출량이 감소한다. 손자녀에게 성경책을 읽어 줄 때도 전자기기보다는 종이 책으로 읽어 줄 것을 권한다. 하나님도 십계명을 쓰실 때 친환경 소재인 자연석에 쓰셨다.

성경책을 선물하기 전에는 다양한 버전을 조사해 보도록 하자. 나이 별로 읽어 주기 좋은 버전이 있고, 다양한 언어로 번역되어 있기도 하다. 먼저 태아 때부터 태교 성경 동화를 읽어 주면 좋다. 뱃속에서 가장 먼저 발달하는 감각이 청각이라고 하니 좋은 태교가 될 수 있다. 그 후 돌 전까지는 어른 성경책으로 읽어 주고, 1~3세는 그림이 없는 어린이용 한글 성경책, 4~5세는 그림이 있는 한글 영어 병용 이야기 성경책으로 읽어 주자. 6~7세가 되면 한글을 읽기 시작하니 성경 필사 노트도 좋은 선물이 될 것이다. 8~9세는 성경 받아쓰기, 10~13세는 국한문 병용 성경책, 14~16세는 영어 성경책, 17~19세는 한자 성경책을 선물해 주자.

얼마나 감사한 일인가. 그야말로 우리는 복 받은 시대에 살고 있다. 손자녀에게 선물하며 "애야, 우리 대한민국에는 이렇게 많은 종류의 성경책이 있단다. 하나님이 복을 주신 나라에 살게 하시니 정말 감사하지 않니?"라는 말을 덧붙이면 좋겠다.

성경책을 선물할 때는 속표지에 "세상에서 가장 사랑하는 ○○(이)에게"라는 문장과 함께 평소 좋아하는 말씀으로 축복의 말을 써 주자. 날짜와 이름을 쓰고 멋지게 사인도 하자. 약간의 돈을 담은 봉투를 성경책 갈피에 끼워서 주는 것도 좋은 방법이다. 그리고 그 돈의 일부를 쓰다가 하도록 가르친다.

성경책 다루는 법 가르치기

만약 손자녀가 아직 어리다면 성경책을 읽어 주기 전에 먼저 책 다루는 법을 가르쳐야 한다. 그러려면 아이 앞에서 본을 보여 줘야 한다. 마시던 커피 잔을 성경책 위에 올려놓는다든가 다른 일반 책 밑에 두지 않아야 한다. 성경책이 책이나 물건들과 같이 있으면 맨 위에 올려놓도록 하자. 읽기 전에 책 겉면을 쓰다듬거나 가슴에 꼭 끌어안는 등의 몸짓을 통해 성경책을 소중히 해야 한다는 것을 보여 주자. 만약 아이가 어려 성경책을 찢으려 한다면 분명하고 단호한 어조로 "성경책은 찢는 게 아니야!"라고 말해 준다. 아직 말을 못하는 아기라도 표정과 분위기로 이해할 수 있다. 그 밖에 성경책에 왜 끈이 달렸는지 가르쳐 주자. 가죽이나 비닐 커버의 성경책은 따뜻한 천으로 덮개를 만들어 싸면 좋다.

수영로교회 주춘숙 권사님은 한 살 손자에게 성경책을 읽어 주곤 했는데, 한번은 아이가 성경책을 찢었다. 아이의 손을 잡고 눈을 바라보며 "이 책은 하나님의 말씀 책이야. 찢어서는 안 된다"라고 단호하게 말했더니 아이가 다시는 책을 찢지 않았다고 한다. 아이만 나무랄 게 아니라 성경책을 아무 데나 두지 말아야 하겠다고 생각해서, 그 후로는 아이의 손이 닿지 않는 선반에 성경책을 올려 두고는 읽어 줄 때만 꺼냈단다. "예찬아, 성경 말씀 읽자!" 하고 책을 꺼내서 읽어 주고, 읽고 나면 선반에 두었더니 이제는 아이가 성경책 둔 곳을 안다고 한다. 아이가 할머니만 보면 손가락으로 성경책 둔 선반을 가리키며 "으으으"라 한다는 것이다. 성경을 읽어 달라는 말이란다.

덕분에 주춘숙 권사님은 한 살 손자에게 '성경책을 읽어 주는 할머니'로 각인되었다. 어른이 먼저 성경책을 귀하게 다루면 아이는 그 책의 말씀을 보석처럼 소중하게 받는다. 보석을 마음에 담은 아이는 보배가 된다.

기독교 3대 표준 문서 읽어 주기

아직 어린 아기에게 처음 성경책을 읽어 줄 때는 먼저 책의 표지, 안쪽 면, 속지를 만져 보게 한다.

"성경책을 펴 보자. 표지를 열면 뭐가 있지? 다른 책들은 표지 안쪽 면에 아무런 글씨도 쓰여 있지 않은데 성경책 좀 봐. 왜 표지의 안쪽 면에도 글이 가득 있을까? 왜, 성경책을 펴면 이런 문장이 나오지?"

일반적으로 성경책 안쪽 면에는 기독교 3대 표준 문서가 인쇄되어 있다. 제일 먼저 주기도문 전문이 있고, 그 옆에는 사도신경이 있다. 뒤쪽에는 십계명 전문이 자리하고 있다. 이 세 개의 문서를 기독교 3대 표준 문서라고 한다. 손자녀에게 이것을 읽어 주는 작업부터 시작하자. 기독교인의 정체성을 심어 주는 세 개의 중요한 문서를 가르쳐서 마음 판에 믿음, 소망, 사랑의 삶을 새겨 줘야 한다.

아직 어린 아기는 읽어 주는 것만으로도 충분하다. 글자를 배우기 시작하면 베껴 쓰거나 받아쓰게 해 보자. 나중에는 암송까지 함께해 보자.

주기도문

주기도문은 손자녀가 말귀 알아들을 나이가 되면 설명해 주어야 한다. 먼저 '주, 기, 도, 문' 하고 또박또박 따라 읽게 하자.

"하늘에 계신 우리 아버지여, 하고 시작하는 이 문서를 주기도문이라고 해. 이것은 예수님이 '애들아, 너희는 이렇게 기도해라' 하고 가르쳐 주신 기도야. 예수님은 우리가 어떻게 기도해야 하는지, 무엇을 기도해야 하는지 가르쳐 주셨어. 기도문을 읽어 보면 '주시옵고, 하옵시고, 마시옵고'라는 문장이 있지? 우리의 바람과 소원을 아버지께 말하라고 하셨어. 주기도문은 '예배를 마칩니다'라는 의미는 아니지만, 교회에서는 주로 예배를 마칠 때 낭송하지. 예배를 마친다는 신호가 필요해서 그렇게 하기로 약속한 거야."

초등학생 손자녀에게는 "할머니는 주기도문을 영어로도 외운다. 한번 들어 볼래?"라고 넌지시 자랑하고 "제대로 외우는지 네가 듣고 확인해 주겠니?"라고 하면서 손주에게 채점을 부탁해 보자.

사도신경

근래에는 사도신경 폐지 설을 주장하는 사람들도 있다. 그러나 사도신경은 기독교의 신앙과 조직신학의 근간이다. 손자녀에게 성경을 가르치는 교사로서 이 정도는 알고 있도록 하자.

말귀를 알아듣는 세 살쯤 되면 이 문서들에 관한 간단한 설명이 필요하다. 주기도문과 마찬가지로 '사, 도, 신, 경'을 또박또박 따라 읽게 하자. 그리고 이렇게 설명해 준다.

"우리가 누구를 믿는지, 우리가 믿는 하나님은 어떤 분인지, 왜 예수님을 믿어야 하는지, 예수님이 세상을 심판하러 다시 오시는 것과 세상의 끝에는 어떤 일이 있는지, 교회는 왜 다녀야 하는지, 우리가 죽은 후에는 어디로 가는지, 하나님 나라와 영생을 믿는 믿음을 선포하는 신앙의 문서야. 사람은 죽기 전에 이 신앙(믿음)을 가지고 하나님 앞에 서야 해. 하지만 언제 죽을지, 무슨 일이 생길 지 우리는 미래를 모르잖아. 그러니까 책 없이도 어디서든지 선포할 수 있도록 잊지 말고 외워 둬야 해. 그래서 기독교인은 예배 때마다 이 사도신경으로 신앙을 선포한단다."

그런 후에 손가락으로 글자를 짚어 가면서 읽어 주고 같이 암송한다.

손자녀가 "사도신경이 뭐야?"라고 물으면 "음, 좋은 질문을 했어. 예수님의 제자들을 '사도'라고도 해, '신경'이란 믿는 말씀을 뜻하지. 사도들이 고백한 신앙을 기초로 정리한 것이라는 뜻에서 사도신경이라고 한단다"라고 들려준다.

십계명

그렇다면 십계명은 어떻게 설명해 줄 수 있을까?

"성경책 뒷 표지 안을 열어 봐. 여기에 제일은, 제이는, 제삼은…
제십은 하는 글이 있네. 이게 바로 십, 계, 명이야. 하나님이 우리에
게 이것만큼은 꼭 지키며 살라고 주신 계명이야."

초등학생 손자녀에게는 "잘 봐, 열 개 십계명 밑에 작은 글씨로
마태복음 22장 37-40절이라고 써져 있네. 왜 이런 게 있을까? 이건
마치 우리가 편지를 쓸 때 추신을 덧붙이는 것 같아. 이건 예수님이
가르쳐 주신 말씀인데 십계명은 사랑의 계명이라는 것을 말해"라고
설명해 줄 수 있다. 그리고 마태복음 22장을 펼쳐 보고 그 내용을 이
야기해 준다.

"어떤 사람이 예수님에게 와서 이렇게 물었어. '선생님, 율법 중에
어떤 계명이 제일 중요하고 큽니까?' 그때 예수님이 그 사람에게 가
르쳐 주신 말씀이 바로 마태복음 22장 37-40절이야. 이때 예수님은
'첫째는 하나님을 사랑하라! 둘째는 네 이웃을 네 자신같이 사랑해
라! 이것이 제일 큰 계명이고 선지자들이 가르쳐 온 강령이다'라고
하셨어. 그런데 왜 이 말씀을 십계명 밑에 적어 놓았을까? 십계명은
하나님을 어떻게 사랑하고, 이웃을 어떻게 사랑해야 하는지를 가르
쳐 주거든. 예수님은 십계명을 아버지의 계명이라고 하시고 이것이

하나님과 이웃을 사랑하는 사랑의 계명이라고 말씀하셨어. 십계명을 한마디로 요약하면 뭐라고 할 수 있을까? '서로 사랑해라!'라는 하나님의 명령이야. 하나님의 자녀는 믿음을 확실하게 말하고, 바라는 것을 아버지께 달라고 기도해서 공급을 받잖아. 그러면 하나님의 자녀는 자녀답게 행동하고 살아야 하는데 십계명이 그 표준이야."

3대 표준 문서는 연대감을 키워 준다

다섯 살 예은이는 구역 식구들이 예배드리는 곳에 따라갔다가 놀라운 경험을 했다. 어른들이 자기도 아는 것을 줄줄 외고 있었던 것이다. 바로 사도신경과 주기도문이었다. 예은이는 그것을 듣자마자 "앗, 나도 아는 거다!"라고 하더니 흥분해서 어른들보다 더 큰 목소리로 줄줄 암송했다. 예배를 다 마치고 어른들에게 기특하다며 칭찬을 받았다.

예은이는 두고두고 그날 일을 얘기한다. "전도사님, 어저께 엄마하고…." 그다음 주에 교회에서 만났는데 나를 붙들고 또 그 얘기다. "전도사님, 어저께…." 그맘때 아이들은 한 달 전에 있었던 일도 어저께의 일이다. 어른들이 알고 있는 것을 자신도 알고 있다는 사실이 얼마나 그 아이를 흥분시킨 걸까. 그런 경험들은 아이에게 연대감을 키워 준다. 나도 어른들이 속해 있는 이 그룹의 일원이라는 자부심이 생기는 것이다.

초등학교 4학년 동원이가 몹시 흥분한 목소리로 나에게 전화를 했다. 그러더니 "전도사님! 어저께 엄마 따라서 수요예배에 갔는데요, 목사님이 시편 8편을 읽고 설교하셨어요!"라고 했다. 얼마 전에 동원이는 나와 시편 8편을 암송했다. 자기가 아는 말씀으로 목사님이 설교를 하시니 이 아이는 그게 무슨 기적이라도 되는 것처럼 들떠 있었다.

이렇게 공감대를 느낀다는 것, 기독교 공동체의 일원으로서 어른들과 같은 것을 보고 듣고 읽을 수 있다는 것, 이 사실에 아이들은 흥분감을 감추지 못한다. 이것은 세대 차를 좁히는 방법이기도 하다. 만약 목사님의 설교를 들어도, 어른들 공예배에 참석해 봐도 모르는 것투성이에 알아들을 수 없는 이야기뿐이면 어떨까. 아이들은 '여기는 나와 상관없는 곳'이라고 여기게 될 것이다. 그러니 가만 앉아 있지 못하고 여기저기 뛰어다니고 떠드는 것이다. 반대로 아이가 사도신경, 주기도문, 십계명을 영어로 외워 뒀다가 나중에 외국 교회에서 예배를 드리게 되면 그 기쁨은 두 배가 될 것이다. 이처럼 이 세 문서는 세계의 기독교인을 하나로 통합하는 도구라 할 수 있다.

아이들은 말씀을 삶에 적용하는 능력을 타고났다

나는 조부모님들에게 '아이들에게 구구단을 가르치기 전에 십계명을 먼저 가르치세요' 하고 부탁한다. 대학 나온 며느리도 잘 모르는 것이 십계명이다. 십계명 잘 아는 것에 자부심을 가져도 좋다.

다음은 수업 중에 어느 조모로부터 들은 이야기다.

"큰손주가 네 살, 3년 터울 동생이 1살 반이었을 때였어요. 형이 겨우 한 살 반 된 동생에게 제법 형 노릇을 하더군요. '이거 해, 저거 해, 안 돼!'라고 가르치지만, 이제 두 살도 안 된 동생이 형의 말을 잘 들을 리 없었어요. 동생이 막무가내로 떼를 쓰고 형의 말을 듣지 않으니까 첫째가 곰곰이 생각을 하더라고요. 그러더니 점잖게 동생을 타이르는 거예요. '나는 네 형이야. 십계명 다섯째 계명에 네 부모를 공경하라고 하신 말씀은 네 형을 공경하라는 말도 포함되어 있어. 그러니까 너는 내 말을 들어야 해, 알았지?'라고요."

아이들은 말씀을 삶에 적용하는 능력이 탁월하다. 스펀지처럼 흡수하는 능력이 있다. 가장 먼저 하나님의 계명을 배우게 하자. 말씀의 기초 위에 세상 지식을 쌓는다면 반석 위에 집을 짓는 지혜가 되어 줄 것이다.

chaper 8

말씀 교육 2단계, 말씀 교사가 되자

생선장수도 목이 쉬도록 외치는데

홍수에 마실 물이 없다더니, 교육 홍수 시대에 우리는 막상 마실 물이 없어서 기갈을 경험한다. 이런 때에 성경책이야말로 우리 몸과 영혼의 정수기다. 이 말을 신뢰한다면 손자녀에게 성경책을 읽어 주는 일 하나만으로도 그들의 뇌 용량을 넓혀 주는 엄청난 교육 아니겠는가.

"주 여호와의 말씀이니라 보라 날이 이를지라 내가 기근을 땅에 보내리니 양식이 없어 주림이 아니며 물이 없어 갈함이 아니요 여호와의 말씀을 듣지 못한 기갈이라"(암 8:11).

추석 명절을 이틀 앞두고 마트에 장을 보러 갔다. 생선 가게 상인이 손님을 부르느라고 연신 염가 판매를 외치고 있다. "싸요, 오세요! 염가 판매! 오징어 세 마리 만 원! 조기, 낙지도 있어요!"라며 외친다. 얼마나 많이 외쳤는지 목소리가 다 쉬었다. 잠깐 쉬나 했더니 잠시 뒤에 다시 손나팔을 하고 외친다. 또 다른 한쪽으로 가니 거기도 할인 판매를 외친다. 이번에는 라면이다. 명절에 누가 라면을 끓여 먹는다고 저리 열심히 외치는가 싶다가도, 그 열심에 감동하여 나도 모르게 라면을 사 버렸다.

그러다가 나는 이런 생각이 들었다. '목이 쉬어라' 손자녀에게 성경을 읽어 주는 조부모라면 어떨까. 그런 우리를 바라보시는 하나님의 마음은 어떠실까. '하하하' 웃으시며 감동하지 않으실까?

수영로교회 영아부에는 손자녀 보러 오시는 조부모님들이 있어 담당 사역자가 "손주에게 성경을 읽어 주세요"라고 광고하고 시상품을 걸었다고 한다. 그랬더니 다음 주가 되자 어떤 할머니는 목이 다 쉬어서 오셨단다. 손자녀에게 선물 한 개라도 더 안겨 주고 싶어 목이 쉬도록 성경을 읽어 주었다는 것이다. 생선가게 상인도, 라면 판매 상인도 목이 쉬어라 외치는데, 우리도 목이 쉬도록 손자녀에게 말씀을 읽어 주는 사명자가 되어야겠다.

나이대별 말씀 교육법

3~5세

지금은 은퇴했으나 총신대학교에서 기독교 교육을 강의하던 한춘기 교수님이 네 살 딸아이의 이야기를 들려주었다. 식욕이 좋은 딸아이가 저녁밥을 많이 먹고서 누워 있기에 "딸아, 밥 먹고 바로 누우면 소가 된다"라고 했더니, 아이가 정색을 하면서 "사람은 하나님의 형상으로 지음 받은 존재인데 어떻게 소가 될 수 있어요?"라고 했다고 한다. 한춘기 교수님은 무척 당황했다고 그날의 소감을 말해 주었다. 옛날부터 들어 온 말을 생각 없이 했다가 네 살 아이에게 경고를 받은 것이다.

우리는 3~5살이라고 하면 뭘 이해하겠느냐고 무시하기 쉽다. 그러나 이 나이 때 꾸준히 말씀을 들려주면 말씀이 입력되고, 아이의 입에서 줄줄 나온다. 그림이 들어간 이야기 성경책을 읽어 주고, 단어나 사물의 명칭을 가르쳐 보자. 성경의 문장을 짧게 나눠서 들려주고 따라서 말하게 하는 것도 좋다. 아울러 한글을 일찍 깨우치는 아이들은 필사도 함께해 보자. 말씀 쓰기와 암송은 읽기만큼 중요하다.

준비하기

성경을 읽어 주기 전 이렇게 따라 외치게 하자.

"나는 성경 말씀을 좋아해요. 성경은 하나님의 말씀, 나는 하나님의 말씀을 들을 수 있어요. 나는 말씀을 읽을 수 있어요. 말씀으로 말할 수 있어요. 말씀대로 행할 수 있어요."

말씀 손

오른 검지를 들어 올리고 "말씀 손!"이라고 외치게 한다. 0~2세까지는 듣기만 했다면, 세 살부터는 같이 글자를 짚어 가며 읽는다. 조부모가 읽어 주면서 아이가 바르게 짚을 수 있도록 손을 잡아 준다. 성경을 귀로 듣고, 눈으로 글자를 보면서 읽으면 좀 더 집중력이 높아진다.

암송하기

암송할 때는 단어를 끊어서 따라 읽게 하는 것이 좋다. 물론 얌전히 앉아 조부모를 따라 성경 말씀 암송하기를 즐거워하는 아이는 매우 드물다. 혜린이 엄마는 네 살 된 딸을 앉혀 두고 시편 11편 7절 암송 수업을 했는데, 겨우 두 소절을 하더니 "싫어, 싫어. 하기 싫어" 하면서 달아났다고 한다. 그런데 혜린이 엄마는 그 자리에서 성경책을 덮지 않았다. 아이가 보고 듣는 데서 혼자 암송했다. 어느 날 갑자기 혜린이가 "엄마, 나도 외워 볼게" 하더니 시편 11편 7절을 끝까지 암송해서 엄마를 놀라게 했다. 엄마 따라 하는 암송 공부도 싫은데 조부모를 따라 할 아이가 몇이나 되겠는가. 이럴 때는 억지로 시키기보다 아이가 놀 때 녹음된 말씀을 들려주는 방법을 활용해 보자.

필사하기

부산 수영로교회 주춘숙 권사님은 손자가 45일 되던 때부터 버스로 한 시간 거리에 있는 딸 집을 출퇴근하며 손자를 봐주었다. 손자가 알아듣든지 말든지 하루 40분씩 성경책을 읽어 주었는데, 그 시간 동안은 아이가 보채지도 않고 집중해 듣는 것 같았다.

손자가 두 살 무렵, 언어 발달 장애 치료를 받아야 한다는 말을 들었다. 그때부터 권사님은 성경책을 한 단어씩 끊어서 따라 읽게 했다. 그렇게 2년을 더 하자 저절로 언어 교정이 되었다. 내친김에 권사님은 공책을 열 권 사 주면서 "할머니랑 성경 필사해 보자"라고 했다. 그랬더니 손자가 고사리 같은 손으로 성경 말씀을 또박또박 쓰더니, 지금은 누가 하자고 하지 않아도 혼자 스스로 한다. 네 살 무렵 받아쓰기를 해 보니 쌍받침 글자까지 틀리지 않고 다 맞았다. 나중에는 한글 공부를 세 시간 넘게 하기에 허리가 아파 누웠더니 아이는 더 하고 싶다고 할 정도로 집중력이 좋아졌다. 더 기특한 것은 손자가 TV에서 세계 국기를 보고 사 달라기에 사 주었더니, 83개국 국기와 나라 이름을 완전히 익혔다. 나라의 수도까지 외우려는 열정도 생겼다. 한글뿐 아니라 한문에도 흥미가 생겨 제법 아는 글자가 많아졌다. 그뿐만이 아니다. 아이 방 벽에 구구단을 붙여 주었더니 아이가 금세 20단까지 외웠다. 두 자리 수의 곱셈 문제를 스스로 만들어서 답을 하기도 했다. 낮에는 권사님이 한글 버전 성경을 읽어 주고, 저녁에는 아이 엄마가 틈틈이 영어 성경을 읽어 주었더니 나중에는 영어로 대화까지 가능해졌다. 이 모든 것이 성경 말씀 필사하기에서부터 시작되었다면 믿겠는가.

6~8세

말씀을 읽고 암송하고 필사하는 것은 기본적으로 3~5세와 같다. 다만 6~8세가 되면 전화 통화를 할 수 있기 때문에 만날 수 없을 때는 음성, 또는 영상통화로 전달 교습을 할 수 있다. 오늘은 어느 구절을 읽을지, 또 어떤 말씀을 암송할지 정하고 확인한다. 조부모가 은혜 받은 말씀을 이야기해 주고 암송하도록 지도할 수 있다. 만날 수 있을 때는 각자 자기 성경책을 펴 놓고 한 절씩 돌아가면서 읽는다. 단 이 방법은 한글을 읽을 수 있어야 한다. 틀리게 읽거나 건너뛰면 다시 읽는다. 아이에게 한글을 일찍이 가르치는 목적은 스스로 성경을 읽게 하기 위해서다.

8~12세

손자녀가 여덟 살 정도가 되면 생각하는 깊이도 달라지고, 할 줄 아는 것도 많아진다. 말씀을 읽는 것으로 끝내지 않고 서로 묵상하고 생각을 나눠 볼 수도 있다. 약속을 정해 집이 아닌 카페나 공원,

미술관 같은 곳에서 성경 이야기를 나누면 보다 폭넓고 깊은 대화를 나눌 수 있을 것이다. 다음 항목을 읽고 '여덟 살 우리 손주는 할 수 있다'라고 생각되는 것에 동그라미 표 해 보자.

손자녀가 조부모에게

1) 성경 말씀 읽어 드리기   (   )

2) 성경 말씀 같이 암송하기   (   )

3) 새로 나온 찬양 가르쳐 드리기   (   )

4) 성경 동화 같이 읽고 생각 나누기   (   )

5) 구제 통에 동전 넣기   (   )

6) 노인 대학에 모시고 다니기   (   )

7) 기도해 드리기   (   )

8) 같이 밥 먹기   (   )

9) 잔심부름 하기(빨래 개기 등 함께 집안일하기)   (   )

성경책 읽기 아르바이트

손자녀에게 '할아버지, 할머니에게 성경책 읽어 드리는 아르바이트'를 맡겨 보자. 학비는 본래 배우는 학생이 내는 것인데 손자녀를 가르치다 보면 내가 배운 것이 더 많다는 것을 느낀다. 남을 가르치는 것이 최고의 학습이기 때문에 그렇다. 어릴 때는 조부모가 읽어 주었지만, 이제는 손자녀에게 성경을 읽어 달라고 해 보자. 손자녀가 학교에 가지 않는 토요일이나 또는 방과후 하루를 '할아버지, 할머니에게 성경 읽어 드리러 가는 날'로 정한다. 이렇게 하면 굳이 아빠 엄마와 함께가 아니어도 손자녀 혼자 할아버지, 할머니 댁에 방문할 수 있다. 일종의 아르바이트처럼 매월 일정한 용돈을 주는 것도 좋다.

조부모가 손자녀와 함께하는 시간이 늘어난다는 것은 여러모로 장점이 많다. 세대 차이를 극복할 수 있고, 조부모는 요즘 다루기 힘든 핸드폰 기능이나 인터넷 쇼핑 방법 등을 배울 수 있다. 할아버지 할머니가 핸드폰 기능을 물어보면 귀찮아할 것도 같지만, 열 살 내외의 손자녀는 오히려 뿌듯해하는 것을 종종 본다. 귀찮을 정도로 쫓아다니며 복습을 시킨다. 자기에게도 누군가를 가르칠 수 있는 능력이 있다는 생각에 미리 연습을 해 가면서 가르쳐 준다.

멀리 떨어져 살아도 휴대폰 하나로 얼마든지 소통이 가능한 세상이다. 가르치고 배우는 것도 마찬가지다. 이런 기기들이 만들어진 것은 따로 사는 가족들을 연결하고 신앙생활에 도움 되는 일에 쓰라고 하나님이 주신 선물이 분명하다.

꾸준히 세 장씩

여러 해 전에 내가 만났던 초등학교 2학년 아들을 둔 목동의 한 아빠는 아이와 하루 성경 세 장 읽기를 약속했다. 아이가 성경을 읽을 때면 문자로 '아빠, 출발!'이라고 문자메시지를 보낸다. 그러면 아빠는 직장에서 일을 하다가도 아들이 성경 읽는 시간이라는 걸 알고 아이를 위해 축복 기도를 했다. 초등학교 2학년 아이가 어른들이 읽어도 어려운 성경을 매일 세 장씩 읽기란 쉽지 않았을 것이다. 그런데 꾸준히 성경 읽기를 2년쯤 하던 어느 날, 아이 학교 성적이 쭉쭉 올라갔다. 같은 반 엄마들이 어느 학원을 보내느냐고 물어보는데, 아이 엄마는 솔직하게 "우리 애는 학원에 다니지 않아요"라고 했다고 한다. 그러자 주변 엄마들이 집에까지 찾아와 기웃거리며 혹시 과외를 하는 것은 아닌지 염탐을 하더란다. 한번은 아이가 자기 공부 비결을 이야기하면서 "매일 성경책을 읽으니 학교 교과서는 너무 쉬워요" 하기에 아빠, 엄마도 깜짝 놀랐다고 한다. 생각해 보면 성경책에 얼마나 방대한 이야기가 들어있나. 글씨 폰트도 작고, 책장도 얇다. 그런 책을 꾸준히 읽으니 그림이 절반이고 글자 크기도 큰 학교 교과서는 그야말로 물 반, 고기 반인 셈이다.

말씀으로 작곡해서 부르기

종교적인 감정을 도입하려면 우뇌를 자극하는 교육이 좋다. 우뇌는 감미로운 멜로디와 리드미컬한 언어를 좋아한다. 우뇌와 연관을 맺고 있는 음악은 감각을 자극해서 지적 능력을 상승시킨다. 이렇게 생활과 소리를 조직화하는 학습 방법은 하나님의 아이디어다.

서당에서 소학 대학을 챈트 식으로 외웠듯이 손주와 함께 말씀 구절을 노래로 만들어 보자. 가장 쉬운 방법은 아이들이 아는 동요나 찬송 곡조에 말씀을 넣어서 부르는 것이다.

"그들이 여호와의 도를 노래할 것은 여호와의 영광이 크심이니이다"
(시 138:5).

교과서 앞 장에 말씀 붙여 주기

요즘 아이들은 교과서를 학교에 두고 다닌다. 집에 올 때마다 몇 권씩 들고 오라고 하자. 미리 작은 메모지에 조부모가 친필로 성경 말씀과 격려의 글을 써서 준비해 두고, 아이가 교과서를 가져오면 첫 장에 붙여 준다. 이런 말씀을 써 주면 좋다.

"하나님의 영을 ○○(이)에게 충만하게 하여 지혜와 총명과 지식과 여러 가지 재주로 하나님께 영광을 드리고 사람에게 존귀히 여김을 받게 하소서, 아멘"(출 31:3 참고).
"모든 지혜와 총명을 ○○(이)에게 넘치게 하소서, 아멘"(엡 1:8 참고).

말씀 교육 출장을 떠나자

요즘은 대면이 조심스럽기도 하고, 핵가족화 되어 서로 왕래가 잦지 않다. 오죽하면 초등학생들이 키우는 강아지는 가족이어도 조부모는 가족이 아니라고 한다지 않은가. 같이 살지 않기 때문이란다. 내가 아는 분은 손주 본 지 오래 되었다면서 "지난번 오랜만에 교회 뜰에서 손주를 만났어요. 반갑기에 한걸음에 쫓아갔지요. 그랬더니 글쎄 애가 달아나 엄마 품에 안기고는 저를 가리키며 '저 사람 때매 깜짝 놀랐어'라고 하는 거예요. 얼마나 민망했는지 몰라요"라고 이야기해 주었다.

일이 이 정도면 큰일이다. 지금이라도 늦지 않았으니 손자녀가 한 살이라도 어릴 때 손을 써 보자. 이 문제를 해결하기 위해 나는 일일학습 방문교사처럼, 말씀 출장 가는 것을 추천한다. 내 주변에는 먼 곳에 사는 손주를 위해 말씀 출장 가는 조부모가 꽤 있다. 먼저 아이의 부모와 상의해 좋은 날을 정하자. 못해도 계절이 바뀔 때마다 한두 번쯤은 쳐들어가는(?) 것이 좋다. 출장 업무는 아래와 같다.

출장 준비

손자녀 만나러 가려고 준비하는데 친구 할머니가 쇼핑가자고 전화 오면 어떻게 할까. "나 출근해야 해"라고 말해 주자. 그러면 아마 깜짝 놀라 되물을 것이다. "취직했어? 어디 다니는데?" 그러면 이렇게 이야기해 주자.

"응. 나 손주 가르치는 선생되었어!"

마음을 준비하는 것만큼 외모도 신경 써야 한다. 손자녀들이 생각보다 보이는 것에 민감하다. 깨끗하게 샤워를 하고 머리를 깔끔하게 손질하자. 자고 일어나 눌리고 뻗친 머리로 가지는 않아야 한다.

고운 옷으로 깔끔하게 단장하자. 액세서리로 품위를 더하는 것도 좋다. 너무 과한 화장은 피하되, 가벼운 화장은 필요하다. 가방에는 약간의 간식이나 용돈을 챙기자. 반찬 보따리는 다른 날을 기약하자. 아이 보는 앞에서 보따리장수 이미지를 심어 줄 필요는 없다.

앉으나, 서나, 자나, 깨나

신명기 6장 2절을 읽다 보면 이 말이 떠오른다. '앉으나, 서나, 자나, 깨나'다. 출장을 가서 같이 둘러앉아 밥을 먹을 때는 먹기 전에, 먹으며, 먹고 나서 기도하자. 이렇게 기도하면 우리 몸에서 세로토닌이라는 호르몬이 나와 육체와 정신이 건강해진다. 우리의 뇌와 유전인자는 좋은 말을 주입할 때 반짝거리며 활성화된다. 성경을 읽고, 암송하고, 필사하면서 손자녀의 용기를 북돋워 주고 기분 좋은 이야기를 들려주어 하루 근심거리를 털어 버릴 수 있게 해 주자. 자기 전에 하루 일을 떠올리면서 좋지 않았던 일들, 과오를 토설하고 회개하면 뇌 청소가 되니 그렇게 할 수 있도록 장을 열어 주자. 아이들은 때로 엄마보다 할머니에게 비밀을 털어놓기도 한다. 다음 날 일어날 때 맞이할 새날을 축복해 주자. 이렇게 하면 손자녀의 하루가 조부모를 통해 즐거워진다. 하늘의 복이 별처럼 쏟아진다. 그럴 때 아이는 더욱 총명해지며, 하나님의 사랑을 넘치게 받는다.

출장 레슨비

어떤 분들은 손자녀 집으로 출장을 가라고 하면 빈 손으로 갈 수 없어 망설여진다고 말한다. 어린애가 바라는 것은 할머니 손에 들린 선물일 텐데, 부담스럽다는 것이다. 외손주 만나러 갈 때는 모른 척이라도 해 보겠는데, 친손주 만나러 가면 며느리 눈치가 보인단다. 그럴 때는 자식이 알아서 살며시 용돈을 쥐여 드린다든가 통장에 넣어 드리는 센스가 있어야 할 테지만, 만약 그렇지 않다면 넌지시 코치해 보자. 출장 레슨비 명목이다. 솔직히 그 돈이야 다시 손자녀 손으로 들어갈 테니, 자식에게 용돈 준다 생각하라고 이야기해 주면 된다. 무엇보다도 '돈이 없으면 손자녀에게도 무시당한다'라고 생각하는 자격지심은 버리자. 오히려 만사를 돈으로 해결하려는 생각이 위험하다. 지금 우리 손에는 금은보다 더 값진 복음이 있지 않은가.

"베드로가 이르되 은과 금은 내게 없거니와 내게 있는 이것을 네게 주노니 나사렛 예수 그리스도의 이름으로 일어나 걸으라 하고"(행 3:6).

부산에 불교재단에서 운영하는 한 유치원이 있다. 주성이도 그 유치원생인데 주일이면 할머니와 유치부 예배에 나왔다. 예배를 마치면 할머니가 집에 데려다주곤 하셨다. 그런 주성이가 유치원을 갔는데, 수업 중에 불경 암송하는 시간이 있었던 모양이다. 선생님이 자꾸 불경을 외우라고 하니까 아이는 망설였다. 할머니가 늘 "너는 예수 믿는 사람이야"라고 알려 주셨는데 불경을 외라 하니 헷갈렸던 것이다. 그런데 쭈뼛거리는 아이에게 선생님이 "왜 불경을 외지 않니?" 하고 묻자 주성이가 "선생님, 나는 예수 믿는데 왜 자꾸 불경 외라고 하세요? 선생님도 예수 믿으세요" 했다고 한다. 아이들이 선생님과 할머니의 말 중 누구 말을 더 신뢰할 것 같은가? 할머니다. 그러니 좀 더 용기를 내자. 이 땅에 복음보다 더 중요한 것은 없다.

바깥문 교육과 문고리 교육

우리 선조들은 3월이면 대문에 '입춘대길'이라고 써 붙였다는데, 우리는 붓글씨로 멋지게 말씀을 써 붙여 보면 어떨까? 이른바 '바깥문 말씀 교육'이다. 보통 기독교인들 문에는 교패가 붙어 있을 것이다. 말씀은 그 아래, 아이들 눈높이에 맞는 위치가 적당하다. 말씀은 다음을 추천한다.

"^{25}나는 부활이요 생명이니 나를 믿는 자는 죽어도 살겠고 ^{26}무릇 살아서 나를 믿는 자는 영원히 죽지 아니하리니"(요 11:25-26).

그 외에 가정 상황과 받은 마음을 따라 적당한 말씀을 정해도 좋다. 신명기 6장 9절에는 "또 네 집 문설주와 바깥문에 기록할지니라"라는 기록이 있다. 성경에서 말하는 바깥문은 특별하다. 이스라엘 백성이 애굽에서 나오기 전날 밤 바깥문 문설주(문기둥)와 인방에 양의 피를 발랐는데, 그렇게 하면 히브리어로 생명을 뜻하는 '카이'라는 글자가 된다. 바깥문에 커다랗게 '생명'이라는 글자를 피로 쓴 것이다. 그걸 보고 죽음의 천사가 그 집에 들어오지 못하고 지나갔다. 생명은 바로 예수 그리스도다. 예수는 내가 바로 생명이라고 하셨고, 구원의 문이라고 하셨다.

"그 피를 양을 먹을 집 좌우 문설주와 인방에 바르고"(출 12:7).

"내가 문이니 누구든지 나로 말미암아 들어가면 구원을 받고…"(요 10:9).

내가 아는 목사님이 전세로 살던 집에서 이사를 가려고 보니 안방 문고리가 부서져 있더란다. 문을 여닫는 놀이를 재미있어 하던 아이들이 온종일 문고리에 대롱대롱 매달려 논 결과였다. 목사님은 나가기 전에 그 문고리를 수리해야 했다. 이렇게 아이 키우는 집은 문고리 하나 제대로 남지 않는다.

혹시 손자녀가 문고리에 매달려 놀기 좋아한다면, '문고리 말씀 교육'을 해 보자. 말씀을 적은 문패를 만들어 걸어 두는 것이다. 만드는 방법은 어렵지 않다. 깨끗한 종이를 마련해 적당한 크기로 자른다. 암송하기 좋은 말씀을 몇 개 정해 옮겨 적는다. 손자녀와 함께 색을 칠하고 색종이를 오려 붙여 예쁘게 장식해도 좋다. 종이가 얇으면 두꺼운 상자를 같은 크기로 잘라 붙여 주자. 윗면에 구멍을 두

개 뚫은 후 실을 엮어 걸이를 만든다. 이렇게 만든 말씀 문패를 방과 화장실 문고리 등에 걸어 둔다. 한 번에 여러 개를 만들면 방문마다 걸어 둘 수 있다. 문패를 걸면서 손자녀에게 이렇게 말해 주자.

"우리 집 주인은 예수님이셔. 이것은 이 방에 예수님이 계신다는 의미의 말씀 문패란다. 방에 예수님이 계시니 문을 쾅쾅 여닫지 말아야겠지? 조심스럽게 여닫도록 해 보자."

이것의 응용 방법으로, '문설주 말씀 교육'도 해 볼 수 있을 것이다. 대부분 어린아이들 방에는 사방으로 한글 자음과 모음, 영어 알파벳 카드로 도배되어 있다. 집에 들어오면 첫눈에 거실 TV가 눈에 들어올 테고, 벽마다 성화보다는 의미 없는 풍경 그림 같은 것들이 걸려 있을 것이다. 할아버지 할머니가 성경 말씀을 붓글씨로 써서 집안 곳곳에 붙여 주면 손자녀는 조부모를 특별한 어른으로 인식할 것이다.

하찮아 보이는 일 같아도 아이는 어린 시절 할아버지 할머니와의 추억으로 남을 수 있다. 그리고 이 아이가 자라서 어른이 되면 자기 손자녀에게 똑같이 가르칠 것이다. 손자녀를 향한 조부모의 영혼 사랑이 열매 맺을 때가 온다.

chapter 9

말씀 교육 3단계, 사랑으로 축복하자

✳
♥

기도를 가르치며 마음에 천국을 심자

74세의 어느 할머니는 열세 살, 열 살, 아홉 살 된 세 명의 손자녀
를 돌보신다. 아홉 살 손녀가 수영장을 가려고 나서는데, 이렇게 물
어봤다고 한다.

"얘야, 수영장에 가서도 기도하니?"

"기도요? 수영하면서 어떻게 기도해요?"

"이담에 하늘나라에 가면 생명 강에서 수영하게 될 텐데, 그때 예
수님에게 수영 코치를 받는다고 생각해 봐. 그런 생각을 하면서 수
영하면 신나지 않을까?"

그랬더니 손녀도 곰곰이 생각에 빠졌다. 그러면서 "예수님이 하

늘나라 수영장의 주인이시니까 그럴 수 있겠네요"라고 하더란다. 할머니가 또 물었다.

"수영장에서 뭐라고 기도하면 좋겠니?"

그랬더니 아이가 이렇게 기도하더란다.

"예수님, 하늘나라 생명 강에서 수영하고 싶어요. 그때 저는 예수님의 코치를 받고 싶어요."

할머니가 아이의 마음에 천국을 심었다.

"[31] 또 비유를 들어 이르시되 천국은 마치 사람이 자기 밭에 갖다 심은 겨자씨 한 알 같으니 [32] 이는 모든 씨보다 작은 것이로되 자란 후에는 풀보다 커서 나무가 되매 공중의 새들이 와서 그 가지에 깃들이느니라"(마 13:31-32).

장 칼뱅의《기독교강요》에 다음과 같은 내용이 있다.

"하나님께서 우리를 위하여 예비해 두신 보물에 우리의 손이 닿으려면 기도의 힘을 빌려야 한다. 기도란 하늘의 지성소에 들어가서 우리가 믿음의 눈으로 보아 둔 보화를 파내는 작업이다."

손주를 데리고 영아부에 나오시는 할머니가 계시다. 밥을 차리는 동안 세 살 손주가 밥상에 앉아서 "할머니 빨리 와요"라며 수선을 떨었다. 할머니는 얼떨결에 기도 손을 하지 않고 수저를 들었다가 손주에게 혼났다고 한다. 아이들은 밥 먹을 때 기도하기를 참 좋아한다. 어른이 먼저 밥을 먹기 전에 감사기도를 하면 아이도 우리 필요를 공급하시는 하나님께 감사하는 법을 배운다. 또 보호받기 위해 기도해야 한다는 것을 배운다(마 7:9-11, 시 32:6).

"마땅히 행할 길을 아이에게 가르치라 그리하면 늙어도 그것을 떠나지 아니하리라"(잠 22:6).

선이든 악이든 어릴 때 가르친 것은 무엇이든지 나이가 든 뒤에도 남아서 일생에 영향을 준다. 또 "세 살 버릇 여든까지 간다"는 말처럼 세 살 기도는 일생에 영향을 준다.

기도가 좋은 것은 장소와 시공간을 초월한다는 점이다. 인간 의식이 육체의 한계를 벗어나 외부로 미칠 수 있다는 이 엄청난 일은 과학적으로도 이미 입증이 되었다. 비대면 신앙 교육이 기도다. 마음과 마음은 통한다. 아기는 기도해 주는 사람을 알아본다. 그리고 따른다. 어린 나이에 하나님을 제대로 이해하기는 어렵지만, 기도는 그분의 존재를 일깨워 주는 좋은 방법이다.

어린이가 정서적 안정감을 갖고 사물을 친밀히 대하게 이끌어 창조적이고 긍정적인 세계관을 갖도록 하자. 그렇게 하는 데 기도가 큰 역할을 한다. 기도를 꼭 화려한 화술로 할 필요는 없다. 때로 문법에 맞지 않게 말을 해도 하나님은 그 속마음을 보신다. 기도하면 하나님과 친밀해지고(시 145:18) 신앙이 성장한다(마 5:44).

평촌 이레교회 김태정 권사님은 세 살 손녀딸에게 '기도 따라하기' 수업을 했다. 처음에는 한 단어씩 끊어서 "하나님, 아버지, 감사, 합니다" 하고 따라하게 했다. 그런데 어느 날 갑자기 아이가 문장으로 기도해서 깜짝 놀랐다고 한다. 성인도 영어 한 단어를 기억하기 위해 자나깨나 반복하고 또 반복한다. 그걸 생각하면 말을 배우기 시작한 어린아이에게 얼마나 많이 반복해서 들려줘야 하는지 알 수 있다.

우리의 관절이 기도를 좋아한다

기도와 성경 암송은 근육이나 긴장을 푸는 이완 반응을 일으켜서 노인성 관절 치료에도 유익을 주고 혈압을 조절한다는 것이 의학적으로 밝혀졌다. 과학문화연구소장인 이인식 박사는 고혈압, 위궤양, 류머티스 관절염, 궤양성 대장염 등이 정신적 스트레스에서 발병하는 질병들이라고 보는데, 기도나 주문을 반복하면 치유할 수 있다고 말한다. 기도나 종교적 경문을 반복하면 스트레스 호르몬이 줄어들고 따라서 혈압이 낮아진다. 페니실린의 효과도 크지만, 거기에 사랑의 기도를 결합하면 그 효력이 더욱 크다. 현대 의학의 가장 뚜렷한 흐름 중 하나는 기도로 복귀하자는 것이다. 기도가 치유에 미치는 영향을 연구한 하버드대학교 의과대학의 허버트 벤슨(Herbert Benson)도 기도나 주문을 반복하는 방법으로 스트레스를 해소하는 이완 반응을 불러 일으켜서 건강에 도움을 준다고 말했다.

우리 인체는 스스로 치유하는 탁월한 능력을 다양하게 지녔다고 한다. 그것은 플라시보 효과에서도 증명된다. 플라시보란 환자를 안심시키기 위해서 투여하는 가짜 약을 말한다. 가짜 약을 투여하는데도 환자의 상태가 좋아지는 경우가 있어 이것을 플라시보 효과라고 말한다. 가짜 약도 효험을 보는데 진리의 말씀과 기도는 더 말해 무엇하랴.

"⁷ … 여호와를 경외하며 악을 떠날지어다 ⁸ 이것이 네 몸에 양약이 되어 네 골수를 윤택하게 하리라"(잠 3:7-8).

무릎 꿇고 기도하면 무릎 관절이 압박을 받으므로 좋지 않다고 한다. 그러나 성경의 많은 성인이 무릎을 꿇고 기도했고 예수님도 무릎을 꿇고 기도하셨다(눅 22:41). 그들은 몸이 비둔하지 않아서 무릎에 무리를 주지 않았을 것이다. 야곱은 천사가 허벅지 관절을 쳐서 뼈가 어긋나는 바람에 다리를 절었다. 관절을 어긋나게 하시는 분은 관절을 치료도 하시는 분이다. 우리 하나님은 연약한 무릎을 일으켜 세우신다. 하나님의 말씀은 관절을 찔러서 어긋난 자리를 맞춰 준다(히 4:12 참고).

그뿐만이 아니다. 인체의 심장, 혈관, 면역체계들이 기도를 좋아한다는 사실을 밝히는 데 공헌한 사람으로 앤서니 스턴(Anthony Stern) 박사가 있다. 그는 명상의 탁월성에 관해 연구한 대표적인 의사로서 하버드대학교 의과대학과 마운트 시나이 아이칸의과대학을 졸업하고 웨스트체스터 모빌팀의 정신과 의사로 재직하며 기도의 영향력이 환자들에게 어떻게 미치는지를 연구하였다. 그는 심장, 혈관, 면역체계들이 기도를 좋아하고 건강한 방식으로 응답한다고 말한다. 소리 내어 하나님을 송축, 찬양하고, 이웃, 자연, 가족을 축복하는 동안 축복 언어가 자신의 혈관을 돌아다니며 청소한다. 기도하고 찬송하는 동안 몸 안에 쌓여 있는 나쁜 기운이 밖으로 배출된다.

결사적으로 축복하라

인간이 누리는 번영은 세 가지 범주에서 기인한다. '인간의 노력인 근면한 노동' '건강한 도덕성' '하늘의 은총'이다. 근면한 노동은 젊은이에 의해서, 건강한 도덕성은 십계명을 따라 사는 기독교인들에 의해서, 하늘의 은총은 기도하는 사람들에 의해서 온다. 그런데 만약 하나님이 위로부터 축복하지 않으시면 인간의 이 모든 노력이 허사다. 그중 기도하기에 충분한 시간을 가진 이들은 노인이다.

"[12] 여호와께서 우리를 생각하사 복을 주시되 이스라엘 집에도 복을 주시고 아론의 집에도 복을 주시며 [13] 높은 사람이나 낮은 사람을 막론하고 여호와를 경외하는 자들에게 복을 주시리로다 [14] 여호와께서 너희를 곧 너희와 너희의 자손을 더욱 번창하게 하시기를 원하노라

¹⁵ 너희는 천지를 지으신 여호와께 복을 받는 자로다"(시 115:12-15).

이 시대는 하나님 없이도 충분히 살 수 있는 사람들이 많다. 재정으로나 재능으로나 넘치게 충만한 것이다. 반대로 하나님 없이는 살수 없는 사람도 있고, 부족함 없이 살면서도 하나님을 잘 믿는 사람도 있다. 누가 더 나은 삶을 살고 있는 것일까.

나는 가끔 우리 아이들이 에서만큼만 되어도 좋겠다고 생각한다. 사실 에서는 아버지의 축복을 간절히 바라고 사모했다. 동생이 자기 대신 그 축복을 받아 갔다는 말에 얼마나 실망했는지 모른다.

"에서가 아버지에게 이르되 내 아버지여 아버지가 빌 복이 이 하나 뿐이리이까 내 아버지여 내게 축복하소서 내게도 그리하소서 하고 소리를 높여 우니"(창 27:38).

요즘 우리 아이들은 어떨까? 이미 넘치는 풍요 속에 있어서인지 하나님의 축복은 거들떠도 보지 않는 것 같다. 그것은 어른들도 마찬가지다. 예배가 끝나 목사님이 마지막 축도를 한다. 성도들을 축복하는 기도다. 그런데 요즘 성도들은 그 시간이 되기 전에 황급히 예배실을 빠져나간다. 축도가 끝나기 전에 주차장에서 차를 빼야 하기 때문이다. 또 한 주간을 마치는 토요일 밤은 부모가 자녀를 축복 기도해 주기 좋은 날인데, 집에 일찍 귀가하지 않거나 귀가해도 아이 방에 들어가 보지 않는 경우가 많다. 부모가 자녀를 축복해 준다는 것은 권위를 상징한다. 그런데 요즘 가정에는 축복도 권위도 사라졌다. 아이도 권위 없는 어른들의 말을 듣지 않고 존경도 하지 않는다.

에서는 아버지가 축복해 주겠다니까 아버지가 좋아하시는 자연산 수제 요리를 대접하려고 무진 애를 썼다. 손수 사냥해서 정성껏 음식을 차렸다. 자기 노력과 수고가 수포가 되었을 때는 "괜찮아요. 음식 식을 텐데 어서 드세요"라고 하지 않았다. 아버지가 빌어 줄 복이 하나뿐이냐면서 애걸복걸 대성통곡하며 매달렸다. 증명서에 사인한 것도 아니고, 그저 말뿐인 아버지의 축복기도에 권위와 능력이 있음을 믿은 것이다. 에서는 아버지를 존경했고 축복이 그분을 통해 내려온다는 것을 믿었다.

그러고 보면 이삭도 자식 축복에 인색했다. 후에 야곱은 자기 열두 아들을 골고루 축복하지 않았나. 아브라함이 하나님에게 이스마엘을 좀 생각해 달라고 했을 때에는 하나님도 "이스마엘에 대하여는 내가 네 말을 들었나니 내가 그에게 복을 주어 그를 매우 크게 생육하고 번성하게 할지라" 하고 약속하셨다(창 17:18-20). 아브라함도 서자의 복을 빌었거늘, 이삭은 어찌 친자식에게 빌 복이 하나뿐이라 하는 것인가. 이삭은 이렇게 해서 두 아들을 축복과 저주로 갈라놓는다. 그는 에서를 제사장직에서 박탈한 것으로 보인다.

그런데 에서의 눈물은 언약의 신분을 상실해서 흘린 눈물이 아니었다. 말라기를 보면 하나님이 "내가 야곱을 사랑하였고 에서는 미워하였으며"(말 1:2-3)라고 말씀하신다. 이 말씀은 에서는 하나님을 미워했고, 야곱은 하나님을 사랑했다는 뜻이다. "물에 비치면 얼굴이 서로 같은 것같이 사람의 마음도 서로 비치느니라"(잠 27:19)라고 하신 말씀의 원리다. 어쨌든 그 이후 에서의 산들은 황폐해졌고 그의 산업은 광야의 이리들에게 팔려 넘어갔다. 그는 무너진 곳을 다시 쌓으리라고 했지만 만군의 여호와는 그가 쌓는 것마다 헐어 버리셨다. 그들은 여호와의 영원한 진노를 받은 백성이 되었다(말 1:4). 여호와를 미워한 결과다.

나는 야곱이 가진 축복의 열망을 마태복음 11장 12절에서 다시 본다. 예수께서 "세례 요한의 때부터 지금까지 천국은 침노를 당하나니 침노하는 자는 빼앗느니라"라고 하셨다. 이때 '침노'를 NIV성경은 "Forcefully advancing"이라고 번역했다. 이것은 군사 용어로 '진격, 돌격'이라는 뜻이다. 강제적이고 강요에 의한 진격을 뜻한다. 그 정도로 천국은 사활이 걸린 문제라는 말이다. 아마 야곱이 그런 심정이 아니었을까. 축복은 받는 자와 주는 자가 결사적이라야 한다.

손자녀 축복은 이렇게 한다

세 자녀를 둔 아이 엄마의 남편은 안수집사인데 술을 끊지 못한 상태였다. 술에 잔뜩 취해서 늦은 밤에 집에 들어오는데, 그때마다 곤히 자는 아이들을 깨워서 거실에 모두 모아 놓고 아이들의 머리에 손을 얹고 한 명씩 축복해 준단다. 아이 엄마는 그래도 되는 거냐고 내게 물었다. 술에 취했어도 자녀를 축복하려는 그 의지가 참 대단하다. 제정신으로 축복해도 될까 말까 한데 이런 정도라면 축복 맹신자다. 디모데전서 3장 8절은 집사를 향해 "술에 인박히지" 말라고 기록한다. 또 하나님은 나답과 아비후를 들어서 예배자가 술에 취해서 인도하면 안 된다고 경고하셨다(레 10:9). 축복권은 예수님을 대신해서 위임받는 것인데 자녀를 축복하는 사명자는 성직자라는 의식을 가져야 할 것이다.

다음의 축복문을 참고하여 손자녀를 축복해 보자. 예수 그리스도로 말미암아 거룩한 제사장이 된 부모와 조부모는 이렇게 기도할 축복권이 있다(벧전 2:5-9).

기도문 1

여호와는 _____ (이)에게 복을 주시고

_____ (이)를 지키시기를 원하며

여호와는 그의 얼굴을 _____ (이)에게 비추사 은혜 베푸시기를 원하며

여호와는 그 얼굴을 _____ (이)에게로 향하여 드사 평강 주시기를 원하노라. 아멘.

기도문 2

사랑스러운 _____(이)가

예수를 믿음으로 지혜가 자라게 하시고

사랑스러운 _____(이)가

생명의 길로 이끌어 주는 현명한 스승을 만나게 하시고

사랑스러운 _____(이)가

적당한 연령이 되어 직업을 구할 때에

그리고 결혼하는 길에 하나님 앞에서 인도되기를

예수님의 이름으로 기도합니다. 아멘.

기도문 3

우리 가문 믿음의 증조할아버지 _____의 신앙처럼

우리 가문 믿음의 증조할머니 _____의 신앙처럼

우리 가문 믿음의 할아버지 _____의 신앙처럼

우리 가문 믿음의 할머니 _____의 신앙처럼

주 안에서 사랑스러운 손주 _____(이)가

우리 가문의 자랑이 되게 하소서.

주 안에서 사랑스러운 손주 _____(이)로 인하여

우리 가문이 대대손손 여호와를 경외하게 하소서. 아멘.

기도문 4

_____(이)로 인하여 우리 가문이 예수님 안에서 복을 누리고 번영하게 하소서.

_____(이)로 인하여 우리 가문이 주님 오실 때까지 대대손손 주만 경외하게 하소서.

대대손손 예수님이 오실 때까지

자자손손 우리 가문이 하나님을 경외하게 하소서.

대대손손 예수님이 오실 때까지

자자손손 우리 가문이 복을 받아 번영하게 하소서. 아멘.

이밖에 부모가 만든 축복문이 준비되어 있으면 그 문장으로 축복해 주어도 좋다. 단, 축복문은 수시로 바꾸지 말고 고정된 내용으로 축복하자. 아이가 자라면서 나이에 맞게 추가하거나 수정할 수는 있다.

축복을 주고 받는 자세

우리나라는 명절이나 경조사 때 고운 한복이나 정갈한 의복을 입고 예를 갖춰 덕담을 나누는 풍습이 있다. 이때 '덕담을 주고받는다'라고 말한다. 참 성경적이라서 은혜롭다. '받고 주기'가 아니라 '주고받기' 아닌가. 우리도 축복을 주고받을 때 이렇게 하자.

먼저 축복을 주는 사람은 손을 깨끗이 씻는다. 축복의 손, 거룩한 손이 되게 해 달라고 기도하며 손을 씻자. 옷의 단추, 지퍼, 솔기가 단정한지 점검하자. 이왕이면 정장을 입고, 되도록 단정한 옷차림을 하자. 옷차림에 신경 써야 하는 이유가 있다. 내가 유치부에서 사역할 때 매주 교육부 목사님이 축도를 하기 위해 예배실에 오셨는데, 아이들은 목사님이 어떤 넥타이를 맺는지, 어떤 색의 옷을 입었는지 무척 관심이 많았다. 한번은 한 아이가 "까만 넥타이다!"라고 소리를 질러서 모두 웃었던 일도 있다. 또 아이들은 청바지에 티셔츠 차림의 교사는 맞먹으려 들다가도 정장을 입은 교사 앞에서는 깍듯하게 대하곤 했다. 축복을 주는 사람은 우스워 보여서는 안 된다. 하나님의 축복에 권위가 있어야 함을 잊지 말자.

장소에 따라 의자에 앉을 수 있지만, 좌식이면 방석을 준비해서 앉는다. 손자녀가 어리면 무릎에 앉히고 이마나 볼에 살짝 뽀뽀를 한다. 오른손을 아이 가슴이나 머리에 올리고 이름을 불러서 축복한다. 손자녀가 청소년일 때는 두 손을 꼭 잡거나 어긋나게 맞잡고 축복한다.

축복을 받는 사람은 옷을 단정히 하고 머리카락을 빗질해서 가지런히 한다. 두 손을 모아서 가슴이나 무릎 위에 둔다. 축복기도가 끝나면 '아멘'으로 화답한다. 축복을 받고 나면 조부모님을 위해 축복기도를 드린다.

간혹 손자녀가 시험을 앞두고 있거나 건강상의 문제 등으로 대면할 수 없을 때가 있다. 그럴 때는 영상통화나 사진, 동영상을 촬영해 축복 메시지를 전해줄 수 있다. 신학기가 되면 손자녀에게 학교 시간표를 달라고 하자. 왜 달라느냐고 물으면 "기도해 주려고 하지"라고 하면 된다. 중간고사, 기말고사, 모의고사, 자격시험 등의 일정을 달력에 메모해 둔다. 그리고 시험 며칠 전에 전화 통화를 해서 응원하고 용기를 주자. "너를 위해 기도하고 있다"는 말도 잊지 말자. 그리고 틈틈이 축복 문자를 보내자. 축복문을 손글씨로 써서 사진을 찍거나, 영상메시지를 촬영해 보낼 수도 있다. 입학식 또는 졸업식을 앞둔 손자녀에게는 "우리 손주 ○○(이)의 입학(졸업)을 진심으로 축하합니다!"라는 플래카드를 커다랗게 만들어서 거실에 걸어주자.

chapter 10

유대인 조부모들은 어떻게 가르칠까

✳
♥

과거와 현재와 미래를 잇는 신앙의 힘

유대인들의 자녀 양육법의 탁월함은 이미 세계적으로 유명하다. 그렇다면 조부모들의 손자녀 교육은 어떨까? 바울은 디모데의 외할머니 로이스의 훌륭한 성경 교육을 은근히 자랑한 적이 있다(딤후 1:5). 그렇다면 본격적으로 그들은 어떻게 손자녀 교육을 하는지 살펴보자.

유대인은 대명절인 초막절이면 텐트 비슷한 초막을 짓고 주님 오실 때까지 신앙을 대물림하며 대대손손 하나님을 경외하는 가문이 되자고 다짐한다. 그때 색종이 고리 잇기를 하는데, 길게 이어 붙인 고리로 초막을 장식한다. 조상들의 신앙을 잇는다는 의미를 담는다.

그들에게는 죽은 조상을 초대하는 '우스피진(초막 방문객)'이라는 명절 의식이 있는데 아브라함, 이삭, 야곱, 요셉, 모세, 아론, 다윗, 사라, 리브가, 레아, 라헬, 미리암, 아비가일, 에스더 등을 초대한다. 이들의 죽은 영이 초막에 방문한다고 여긴다. 스페인 계열의 유대인들은 빈 의자를 놓고 "이 의자는 우스피진의 의자입니다"라고 말한다. 그리고 그들의 삶을 성경에서 읽고 공부한다. 이런 전통을 통해서 어린이들은 죽은 조상들과도 세대의 끈을 잇는다.

사실 이런 풍습이 개신교인에게는 조금 어색할 수 있다. 우리나라의 제사와 무엇이 다른가. 그러나 그들이 불러들이는 것은 귀신이 아니다. 믿음의 선배, 신앙의 조상을 기억하고 추모하는 것이고, 이렇게 할 때 하늘과 땅을 잇는다고 생각한다. 사도 바울은 이방인이 제사하는 것은 귀신에게 하는 것이요 하나님께 제사하는 것이 아니라면서 귀신과 교제하는 자가 되지 말라고 했다. 유대인들은 이런 풍습을 통해 하나님을 믿고 세상을 떠난 조상들을 기리며, 식탁에 둘러앉아 밥을 먹으며 선조의 신앙을 본받고자 한다. 그래서 초막절이면 과거, 현재, 미래를 잇는다는 생각으로 색종이 고리로 집을 장식한다. 이런 그들의 풍습은 생일을 맞은 자의 집을 방문하는 것보다 초상집 방문에 더 우호적인 문화로 이어진다.

지금보다 앞으로를 고민하는 유대인 노인

유대인들은 노인을 만나면 "연세가 어떻게 되십니까?"라고 묻지 않는다. 그들은 이렇게 물으라고 가르친다.

"몇 년 남으셨습니까?"

이 물음은 시편 90편 10-12절에서 유래했는데, 나이 80세를 기준으로 하여 남은 생애를 헤아리는 셈법이다. 예를 들어서 '80세-현재 나이=남은 나이'가 된다. 80세를 넘기면 보너스로 주신 삶이라고 생각한다. 85세의 경우는 새로 태어난 나이로 다섯 살이 된다. 이런 셈법이 노인에게는 '얼마 남지 않은 생을 어떻게 살아야 하는가?'라는 도전을 준다. 남은 삶을 일깨우게 해 준다.

지금 내 나이를 유대인 식으로 계산해 보자. 몇 년 남았는가?

"10 우리의 연수가 칠십이요 강건하면 팔십이라도 그 연수의 자랑은 수고와 슬픔뿐이요 신속히 가니 우리가 날아가나이다 11 누가 주의 노여움의 능력을 알며 누가 주의 진노의 두려움을 알리이까 12 우리에게 우리 날 계수함을 가르치사 지혜로운 마음을 얻게 하소서"(시 90:10-12).

유대인 노인들을 만났다가 헤어질 때는 어떻게 인사하는 것이 좋을까. "120세까지 장수하시기 바랍니다(아드 메아 베에스림 샤나)"라고 인사한다. 신명기 34장 7절에 "모세가 죽을 때 나이 백이십 세였으나 그의 눈이 흐리지 아니하였고 기력이 쇠하지 아니하였더라"라고 했는데, 이 기록을 배경으로 120세가 가장 이상적인 수명이라고 생각하는 것이다. '아드 메아 베에스림 샤나'의 앞 글자만 따 와서 간단히 '아무슈'라고 하기도 한다. 편지나 문자를 보낼 때, 또는 인사말을 건넬 때 "친애하는 아무개씨, 아무슈"라고 한다. 생일을 맞이한 사람에게도 "100세하고도 20세를 더 사십시오"라고 축복한다. 동양 문화에도 120세를 천수라 하여 '천수를 누리십시오' 하는 축복의 말이 있는 걸 보면, 이것도 성경을 배경으로 했나 싶다.

조부모의 임종을 지키는 유대인 손자녀

우리는 노부모의 생신, 특히 환갑(60세 생일), 진갑(62세), 고희(70세), 팔순(80세)의 연세가 되면 자손들이 잔치를 차려 드린다. 여행을 보내 드리거나 건강식품을 선물하고 오래 사시라고 축원 드리기도 한다. 일종의 풍습이라 할 수 있다. 그런데 유대인들은 생일파티에 별 관심을 두지 않는다. 유대인들은 양초에 의미를 부여하고 중요하게 여기는데도, 생일파티에는 유독 양초를 켜지 않는다. 성경의 전통을 따르는 유대 문화가 아니라는 이유에서다. 만약 케이크에 초를 꽂고 불을 '후' 불어 꺼 버리는 유대인이 있다면, 그들은 이방인의 풍습을 따른다고 일축해 버린다.

성경에 기록된 생일파티는 이교도인 애굽 왕 바로와 헤롯의 때뿐

이다. 제자들이 예수님의 생일파티를 챙겨 드렸다는 기록은 어디에
도 없다. 예수님의 생일이 언제인지는 사복음서 어디에도 언급되어
있지 않다. 사실 성경에서 '생일'은 그리 좋은 날로 기록되지 않는
다. 애굽 궁의 떡 굽는 관원장은 바로의 생일에 목이 잘리고 요한의
목은 헤롯의 생일잔치에 날아갔다. 욥의 고난은 자식들이 생일잔치
를 베푼 일이 화근이 되어 일어났다(욥 1:4-5). 가룟 사람 유다는 차라
리 나지 아니하였더라면 좋았을 거라고 하셨다(막 14:21). 욥, 예레미
야는 자기 생일을 저주했다(욥 3:1, 렘 20:14).

> "²⁰ 제삼일은 바로의 생일이라 바로가 그의 모든 신하를 위하여 잔치
> 를 베풀 때에 술 맡은 관원장과 떡 굽는 관원장에게 그의 신하들 중에
> 머리를 들게 하니라… ²² 떡 굽는 관원장은 매달리니 요셉이 그들에게
> 해석함과 같이 되었으나"(창 40:20-22).
> "⁶ 마침 헤롯의 생일이 되어 헤로디아의 딸이 연석 가운데서 춤을 추
> 어 헤롯을 기쁘게 하니… ¹⁰ 사람을 보내어 옥에서 요한의 목을 베어
> ¹¹ 그 머리를 소반에 얹어서 그 소녀에게 주니 그가 자기 어머니에게
> 로 가져가니라"(마 14:6-11).

유대인은 생일보다 장례식에 의미를 둔다. "죽는 날이 출생하는
날보다 나으며"(전 7:1)라고 한 말씀에 의해서다. 솔로몬은 "초상집에
가는 것이 잔칫집에 가는 것보다 나으니 모든 사람의 끝이 이와 같

이 됨이라 산 자는 이것을 그의 마음에 둘지어다"(전 7:2)라고 했다.
더 나아가서 "지혜자의 마음은 초상집에 있으되 우매한 자의 마음
은 혼인집에 있느니라"(전 7:4)라고도 했다. 그래서인지 유대인들은
조부모님이 세상을 떠나는 날, 손자녀가 임종을 보게 한다. 고인은
마치 "손주들아 잘 있어" 하며 작별 인사를 하듯 세상을 떠난다.

유대인 회당에 가면 세상 떠난 교인을 기리는 기념판이 회당 벽
에 붙어 있다. 세상을 떠난 교인들의 순서대로 고인의 이름을 잇는
판인데, 자손들이 고인 명패(명찰만 한 크기)에 붙어 있는 작은 스위치
를 켜면 반짝반짝 불이 들어온다. 고인의 명패 앞에 서서 고인을 기
리며 기도한다. 회당은 죽은 교인과 산 자가 함께 머무는 곳이다. 우
리는 장례식장이 혐오시설로 인식되어 있어 내 집 근처에 있기를
꺼리는데, 이스라엘에는 묘지와 마을이 공존한다. 유대인들은 지금
도 장례는 매장 법을 따르는데, 무덤이 집 뜰에도 있고 길에서 병사
했으면 그 죽은 자리에 무덤을 세우기도 하고 공동묘지에 안장도
한다. 죽은 이들의 무덤이 마을에 있다고 해서 땅값 집값이 내려가
지도 않는다.

과거는 현재와 연결되고 또 미래로 나아간다. 지금 산 자들이 언
젠가 미래에 그들과 같은 모양으로 묻힐 것이다. 죽은 세대와 그의
후손이 기일이 되면 연합한다. 과거 없이는 현재도, 미래도 없다.

3대 상견례

자녀가 결혼을 앞두고 양가 부모 상견례를 하듯이, 유대인들도 어른들이 만나서 인사를 나눈다. 그런데 그들은 이 자리에 부모는 물론 조부모가 함께 참석하는 전통을 따른다. 상대편 가족은 부모보다 조부모를 더 많이 관찰한다. 우리는 부모를 닮는 줄 알지만 실은 조부모를 더 많이 닮는다. 유전 결함도 한 대를 걸러 드러난다고 하지 않나. 부모 대에 숨어 있던 열성 인자는 내가 아니라 내 자식에게서 나타난다. 유대인은 이 유전 원리를 일찍이 결혼 문화에 적용하며 살아온 민족이다.

그뿐만 아니라 이스라엘에는 건강한 자손을 목표로 하는 전 국민 혈액은행이 있다. 유대인들은 이 은행에 혈액과 유전 정보를 보관해 두었다가 결혼 전에 서로가 배우자로서 적합한지를 가리기 위해서 이 자료를 활용한다. 혹시 두 사람 사이 2세가 태어날 때 결함이 생길 가능성은 없는지, 유전병이 발생될 일은 없는지 미리 조사해 보는 것이다. 만약 2세에게 결함이 생길 가능성이 높으면 치료 기관을 연결해 주거나 결혼할 수 없다는 통보를 한다. 결혼을 할 때 감정에 의존하지 않고 철저하게 다음 세대의 건강과 유전병을 예방하도록 만들어진 제도다.

원래는 정통파 종교인들이 해 온 것을 요즘은 정부가 나서서 모든 이스라엘인에게 혈액 검사를 받도록 권장하고 있다. 그래서 이들은 고등학생이 되면 남학교와 여학교가 의무적으로 각각 정해 놓은 날 피 검사를 하여 혈액은행에 보관한다. 개인의 비밀 보장을 철저히 하기 위해서 이름 대신 일련번호로 입력해 둔다고 한다.

때때로 결혼 당사자뿐 아니라 부모, 조부모의 혈액까지도 검사 대상에 오르기도 한다. 건강한 자손을 세상에 데려오기 위해서 이렇게 노력한다.

할례식에서 유대인 조부모의 역할

"너희의 대대로 모든 남자는… 난 지 팔 일 만에 할례를 받을 것이라"(창 17:12).

건강상의 이유로 포경수술을 하기는 하지만, 신생아에게 주는 종교의식으로서의 할례식은 신약에 와서 폐지되었다. 그러나 유대인들은 지금도 할례를 신과 연합한다는 의미로 이해하고 있다. 유대 가정이 시행하는 할례식을 여기에 소개하려는 것은 가정에서의 노인의 역할을 찾아보자는 뜻에서다.

아기 이름 짓기

할례식을 준비하려면 우선 아기 이름을 지어 둬야 한다. 할례식에는 이름 불러 주는 의식이 있기 때문이다. 할례식 때 하나님께 아기 이름을 올려 드리고 모인 하객들에게 이름을 선포해야 축복 예식을 거행할 수 있다.

눈에 띄는 것은 유대인은 아기 이름을 조부모의 이름으로 짓는 경우가 흔하다는 것이다. 지금도 이스라엘 주민센터에는 아버지 이름과 아들 이름이 같거나, 동명이인이 하도 많아서 "아무개 아들의 아들 아무개"라고 해야 신원 조회가 가능할 정도다. 이러한 전통은 성경에서도 볼 수 있다. 세례 요한이 태어났을 때 할례식에 온 친척들이 "아기 이름을 아버지 이름을 따라 사가랴라 하자"라고 했다. 아이 어머니가 "아니다. 요한이라 할 것이다"라고 했더니 친척들이 "네 친족 중에 이 이름으로 이름 한 이가 없다"라고 했다는 기록이 있다 (눅 1:59-63). 이러한 유대인의 전통을 엿볼 수 있는 대목이다.

한국의 기독교인들도 자식을 낳으면 성경 인물 이름으로 이름 지어 주려고 한다. 이런 모습은 유대인 부모들과 같다. 유대인들도 아이 이름을 성경 인물 이름으로 짓기 좋아한다. 특히 토라에 뿌리를 두고, 의로운 삶을 산 조상들, 조부나 증조부, 아이 아버지의 이름, 친척의 이름을 따서 짓는다. 사라지는 이들을 기억하기 위해서다. 아이는 이름으로 그 조상과 자신을 연결한다. 이름은 세대를 이어주는 끈이 되어 준다.

어른의 손에서 손으로

유대인들은 안식일이나 명절에도 할례식은 거행한다. 할례식에는 조부모의 지인들을 비롯해서, 어린아이들, 3, 4대의 친인척과 가족이 모인다. 조부모에게는 손자, 증손자의 할례식에 참석할 때까지 생존해 있다는 것이 최고의 영예로운 일이요, 가문의 영광이다. 축복하는 어른들에 둘러싸인 식장에 할머니가 아기를 안고 들어온다. 축복의 첫 번째 특권을 가족 중에 최고령자에게 드린다.

갓 태어난 어린아이를 축복하려고 오는 어마어마한 축복 부대들, 난 지 8일 된 아이가 친인척을 다 끌어모은다. 아기는 이 사람, 저 사람에게 안겨서 앞으로 나아간다. 어찌 보면 자궁과 전혀 다른 온도, 빛, 공기, 환경에 이제 겨우 난 지 8일 된 아기가 걱정될 정도다. 아기는 아직 혈압과 심장 박동이 불규칙하다. 10일은 지나야 안정이 된다. 우리나라에도 '삼칠일'이라는 말이 있는데, 아기가 태어나 21일 간은 격리되어 지내야 한다는 의미가 담긴 단어다. 그런데 고작 8일 된 아기에게 저래도 되는지 걱정은 되지만 유대인들은 아기가 태어나면 면역력을 강화하는 마사지와 강보 싸 주기를 열심히 한다.

조부모의 명예로움

할례식에서 아기의 아버지, 할아버지, 의사 이 세 사람은 탈릿, 즉 기도복을 입는다. 이 중에서 가장 명예로운 사람은 아기의 조부모다. 아기의 할머니는 아직 몸이 덜 회복된 엄마를 대신해 아기를 할례식 방으로 인계하는 일을 맡는다. 이 역할을 맡은 할머니를 케바터린(kvatterin)이라고 부른다. 이것은 할례에서 여자에게 수여되는 공적인 명예다.

할머니나 할아버지가 아기를 안고 들어오면 모두 일어나서 축사한다. 그리고 민수기 25장 11절을 바탕으로 만들어진 축복송을 부른다. 노래가 끝나면 아기 아빠가 회중의 축사에 화답하는 기도문을 낭송한다.

그러고 나면 아기의 할머니 또는 아버지가 아기를 데리고 할아버지에게 가서 무릎에 앉힌다. 그는 아기를 엘리야의 의자에 놓는다. 할아버지 또는 아버지는 의자에 앉아서 의사가 할례식을 행하는 동안 아기를 붙잡아 주는 일을 맡는다. 이것은 성전에서 향을 피워 올리는 제사장과 동등하다고 여길 만큼 매우 높은 명예다. 3천 년 넘도록 이어 온 유대인 민족의 금으로 된 사슬이 새로 연결되는 순간이다.

할례를 집도하는 사람은 랍비이자 할례 전문의다. 그는 아기를 받아서 기도한다. 그리고 축복문을 낭송한다. 할례를 시행한다는 선포를 하고, 집도한다.

할례를 마친 후에 아기 이름을 최초로 부르는 명예 역시 할아버지에게 주어진다. 이 명예는 랍비나 할례를 집도한 의사, 할아버지 세 사람에게 자격이 주어지는데, 제일 우선은 아이의 할아버지다.

할례를 마친 후

할례식을 마치고 나면 아기는 아버지가 할아버지의 무릎에서 데리고 온다. 그리고 할아버지는 서 있어야 하는데 나이가 많아 연로하면 젊은이들이 부축한다. 이때 사람들이 오른손으로 포도주 잔을 들고 경외하는 마음으로 축복한다. 포도주를 한 잔 따른 후 다음과 같이 축원한다.

"포도 열매를 창조하신 우주의 왕 우리 주 하나님 당신은 복이 있나이다."

할례를 집도한 의사이자 랍비는 아기를 위한 축복기도를 올린다. 회중은 다 같이 찬양으로 화답한다. 아기에게 준비한 흰 옷을 입히고 강보로 돌돌 싼다. 손을 씻은 후 축도로 모든 순서를 마친다.

할례식을 마친 후에는 청색 보자기로 덮은 밥상에서 모두 함께 음식을 나누며 잔치를 즐긴다. 아기가 유대의 일원으로 세상에 태어난 것에 대한 경외심과 축하, 기쁨과 감사의 환영식이 할례의 리셉션이다. 초청된 사람들은 선물을 가지고 오는데 양초, 포도주, 옷, 축의금도 있다. 음식을 먹은 후 가까운 친지나 친구가 할례식에서 수고한 할아버지, 의사, 부모에게 하나님의 복이 있기를 기원하며 인사한다.

아기가 하는 일

지금 이 시간에도 전 세계에 아기가 태어나고 있다. 지각이 있는 나라는 갓난아기도 한 명의 인간으로서 인격적으로 대하고 훌륭한 복지 시설을 마련한다. 그러나 불과 몇십 년 전만 해도 아기를 인격적으로 맞이한 나라는 그리 많지 않았다. 아동학대를 학대인지도 모르고 일삼던 문화권도 많았다. 하지만 이스라엘의 아기 우대 사상은 아브라함으로부터 오랫동안 이어져 왔다. 성경적으로 아기는 대단한 환영과 인격적 예우를 받는다. 하나님을 경외하는 사람들과 첫 만남의 자리에서 아기는 한 민족의 일원이요 하나님의 백성이라는 고귀한 하늘의 신분을 받는다.

아기가 가족과 민족에게 하는 답례는 가족과 민족의 연합과 일치다. 부모는 아기가 하나님의 계약 속에 들어간 순간 언젠가는 이 아기를 다시 하나님께 돌려 드리는 때를 준비하는 마음을 갖고 기른다.

늙는 것은 왜 축복인가

하나님은 분명 땅에서 잘되고 장수하는 것이 복이라고 하셨다. 그런데 나이가 들수록 아픈 날은 많아지고 사회적으로 짐이 된다. 랍비 사디아 가온(Sa'adiah Gaon)은 랍비 바크아(Bachya)와 5계명을 해석하면서 "부모가 장수하게 되면 자녀들에게 무거운 짐이 된다. 공경하다가 지쳐서 염증을 느낄 것이 아닌가? 그런데 하나님은 왜 그것을 복이라고 하셨을까?"라는 의문을 가졌다. 그리고 그들이 낸 결론은 "자녀가 부모를 공경할 때 장수하는 것을 자녀가 보게 된다. 이것이 유익한 것은 노부모들이 오래 살면서 자기 자녀들이 잘되고 형통하고 부를 얻도록 기도하기 때문이다"라는 해석이었다.

나이가 들면 덜 보고 덜 듣게 된다. 시력이 현저하게 떨어져서 말씀을 읽는 것도 힘들고 청력도 시원찮아서 성경을 귀로 듣는 것도 쉽지 않다. 아프기만 한 노인이 할 수 있는 것은 기도뿐이다. 그들의 기도가 있기에 젊은이들이 어지럽혀 놓은 세상은 구속되며, 땅에 임할 심판이 보류되기도 하고, 재난이 수그러들며 그들이 하늘 창고에서 끌어오는 행운으로 복지가 잘된 세상이 된다. 하나님과 친한 사람이 땅에서 장수하면 세상은 얻을 게 많다.

사무엘은 은퇴식에서 이러한 고별사로 노인들의 역할을 대변했다.

"²³ 나는 너희를 위하여 기도하기를 쉬는 죄를 여호와 앞에 결단코 범하지 아니하고 선하고 의로운 길을 너희에게 가르칠 것인즉 ²⁴ 너희는 여호와께서 너희를 위하여 행하신 그 큰 일을 생각하여 오직 그를 경외하며 너희의 마음을 다하여 진실히 섬기라"(삼상 12:23-24).

유대인들은 그들의 대 명절인 유월절, 오순절, 초막절에 노인과 젊은이가 함께 다음의 시편 말씀으로 기도한다.

"늙을 때에 나를 버리지 마시며 내 힘이 쇠약할 때에 나를 떠나지 마소서"(시 71:9).

"하나님이여 내가 늙어 백발이 될 때에도 나를 버리지 마시며 내가 주의 힘을 후대에 전하고 주의 능력을 장래의 모든 사람에게 전하기까지 나를 버리지 마소서"(시 71:18).

기쁜 대 명절에 왜 하필 이런 말씀을 읽고 기도하는지 이해되지 않았다. 그런데 알고 보니 이 기도를 통해서 젊은이들은 젊음도 잠깐이며 언젠가 찾아올 인생의 노년기를 내다본다고 한다. 그러면서 좀 더 노인을 이해하는 기회로 삼는다는 것이다. 또 노인들은 다음 해에도 이 명절의 기쁨을 가족과 친구들과 누릴 수 있기를 바라며 이 말씀으로 기도를 드린다.

행복한 손자녀
신앙 교육

Part 3

◇

꿈꾸는 다음 세대,
같이 걷는 친구

chapter 11

아는 만큼 쉬워지는 손자녀 돌보기

✤
♥

세 살 아이와 노인은 좋은 친구

"늙으면 어린아이로 돌아간다"라는 말처럼 세 살 아이와 노인은 좋은 친구가 될 수 있다. 나이 들면 말이 많아지고 같은 말을 반복하는데, 이 점이 아이의 언어 발달에 유리하다. 또 노인들은 모험보다 안정을 지향하다 보니 산만한 아이를 할머니가 돌보면 진정 효과가 있다. 노인들은 환경 적응이 더딘데, 세 살 아이도 똑같다. 기계 다루는 기술이 비슷한 수준이라서 아이 앞에서는 당당해진다.

3~4세 아이들의 특징

1) 서너 살 아이들은 어른을 모방하고 동경하고자 한다. 그래서 번번이 엎지르고 깨뜨리고 실패하는데도 무엇이든 혼자 하기를 좋아한다. 아무리 해도 안 되는 자기 모습을 답답해하고, 젓가락으로 콩을 집어 먹는 어른을 무한 동경한다.

2) 아이는 돌아서면 금세 잊어버리고 당부를 어긴다. 남의 말이 귀에 안 들어오는 것은 노인도 똑같다. 반면 아이는 독립 의지가 싹트는 시기라 무엇을 시키면 잘 들어준다. 잔심부름을 잘해 주니까 조금 편한 것 같기도 하다. 아이는 어휘 전달력이 부족하므로 비언어의 몸짓, 시선, 자세, 표정으로 의사를 전달한다. 아이의 감정을 읽는 센스가 필요한데, 이것은 조금 시간이 걸린다. 한꺼번에 여러 가지를 하라고 다그치지 말고 기다려 주면 아이는 그런 사람을 아주 좋아한다.

3) 아이는 안정감 없고 변덕이 심하고 감정 기복이 크다. 때로는 괴성을 지르고 산만하게 돌아다닌다. 뇌와 운동 신경계가 통합되지 않아서 그렇다. 고학년이 되면 산만한 행동이 많이 줄어든다. 그리고 노인이 되면 돌아다니지 않는다. 교회에 와서 자꾸 돌아다니는 산만한 할머니는 손자녀와 잘 맞는 분이다.

4) 이 시기 아이는 호기심이 왕성하다. 한 가지 일에 만족하지 못하고 금세 싫증을 느낀다. 그렇지만 또 싫증 느꼈던 그것을 곧 다시

찾는다. 그러니 장난감이 어질러져 있다고 보이는 족족 치우지 말고 그대로 두자.

5) 이 시기 아이는 무엇이든 탐색하고 싶어 한다. 그래서 잠시도 오래 앉아 있지 못하고 들락거린다. 만약 이 탐색을 못하게 한다면 후에 어느 것에도 호기심을 보이지 않는 무기력한 아이가 되기 쉽다. 그러니 그냥 두자. 이런 애 때문에 골이 아프고 정신이 산란하면 최종적으로 '시체 놀이'라는 것도 있다.

6) 아직 전두엽이 다 발달하지 않아 약속을 잘 잊어버리고 통제받는 것을 싫어한다. 이 부분은 노인이랑 비슷하다. 조부모는 아이 부모에 비해서 관대하고 마음의 여유가 있다. 아이가 멋대로 해도 그 행동 자체를 꾸짖기보다 교정해 주려고 한다. 명령하지 말고 얼르고 달래 보자. 아이는 자신이 통제권 안에 들어와 있다는 것을 모른다.

7) 좌뇌와 우뇌의 불균형으로 야단을 맞아도 빨리 잊어버린다. 사실 노인도 나이가 들면 전두엽 뇌의 세포 양이 줄어들어서 기억력이 나빠진다. 가끔은 아이가 상기시켜 줘서 실수를 덜 한다.

8) 간식을 주면 먹지는 않고 바닥에 잔뜩 늘어놓고 장난하기를 좋아한다. 창의력이 좋아서 그렇다. 근검절약하며 살아온 노인 세대는 음식으로 장난치는 꼴은 절대 보지 못하므로 이 부분의 교육은 노인만이 가능하다.

9) 늘어놓기를 잘하고 치울 줄은 모른다. 아직 공간개념이 미숙

하다. 노인들도 그렇다. 아까워서 버릴 줄 모르고 잔뜩 쌓아 놓고 늘 어놓는다.

10) "싫어! 미워!" 하며 대들고 반항한다. 자아를 인식하는 시기 라는 말이다. 밉상이지만 금세 귀염을 떠니까 조금만 참자. 미운 짓 도 잠깐이다.

11) "인사해라"라고 하면 하지 않고 버틴다. 잘한다고 칭찬하면 하지 않는다(배타성). 심리적으로 정서적으로 아직 안정되지 않은 아 이들은 친한 관계가 형성되지 않으면 심기불편, 낯가림, 수줍음으로 방어하거나 공격적인 태도를 보인다. 노인들도 아이들처럼 서열을 중요시하고 낯선 사람에게 텃세를 부린다.

3-4세 아이들 특징과 지도법

	특징	발달	지도법
1	"내가 들고 갈 거야!"	어른에 대한 동경심	들고 가게 한다.
2	뭐든 스스로 하려고 한다.	독립 의지	지켜보다가 도와준다.
3	울다, 웃다, 변덕스럽고 감정 기복이 심하다.	뇌와 운동신경계 미발달	책읽기를 같이한다.
4	"안 할래!" 하다가도 "할 거야!" 한다. 금세 싫증을 느낀다.	호기심	잠투정일 수도 있다.

5	가만히 앉아 있지 못하고 정신 사납게 들락거린다.	탐색	10분 간격으로 심부름을 시킨다.
6	"몰라, 내 맘이야" 하며 고집부리고 약속을 잊어버리고 통제받으려 하지 않는다.	전두엽 미발달	목소리 톤을 낮춰서 낮은 소리로 엄격하게 대화한다.
7	뭘 말해도 건성으로 듣고 야단을 맞고도 빨리 잊어버린다.	좌 우뇌 불균형	대화할 때 질문을 많이 한다.
8	쏟고, 흘리고, 붓고, 늘어놓고, 장난한다.	창의력, 양과 부피, 길이에 관심	음식으로 장난하면 안 된다는 것을 가르쳐야 한다.
9	늘어놓기를 잘하고 치울 줄은 모른다.	공간 개념의 미발달	치워 주지 말고 같이 치운다.
10	"싫어! 미워!" 하며 대들고 반항한다.	자아인식	혼내 주되 표정은 부드러워야 한다.
11	배타적이고 서열이 중요하다.	자기방어	연령층이 다양한 영아부에 데리고 다닌다.

아동기(초등생) 아이들의 특징

1) 아이들이 초등학교에 입할 즈음이 되면 자기주장이 분명해진다. 의견을 비교적 분명하게 말한다. 그만큼 사고력이 성장하고 있다는 반증이다. 자기 세계가 점점 넓어지고 주체적으로 발달한다.

2) 분석력이 좋아지고, 그에 따라 질문도 늘어난다. 성경을 읽으

면서 엉뚱한 질문을 할 수도 있다.

3) 동료와의 관계는 견제 대상으로 바뀌기도 한다. 경쟁심이 강하고 지면 못 견딘다. 다른 사람이 자신을 어떻게 평가하는지에 관심이 생긴다.

4) 사리분별을 잘하고 어른들의 말을 고분고분 잘 듣는 아이가 있는가 하면, 반항 심리로 대드는 아이도 있다.

아동기 아이들의 지도법

보호자 자신이 세상적 가치관으로 교만하거나 반대로 자존감이 낮으면 아이는 그대로 답습한다. "할머니같이 무식한 사람이 뭘 알겠니?" "할머니는 배운 게 없어"라고 말하는 조부모 슬하에서 자라는 아이들은 마찬가지로 자존감이 낮고 늘 망설이고 열등의식이 강하다. 부모가 자기본위적이면 아이도 자기본위적으로 행동하고 부모가 이기적이면 아이도 이기적인 사람이 된다. 권위를 남용해서는 안 된다.

초등학생은 제법 논리적으로 자기주장을 한다. 말문이 막힐 때는 감정적으로 나서지 말고 일단 공감의 의사를 밝히자. 고개를 끄덕여 주는 정도가 좋다. 감정적으로 동요가 일 때는 심호흡을 세 번쯤 한다. '그래 너 잘났다'는 식의 말은 비꼬는 줄로 알고 달려드니 칭찬을 아끼고 "되묻기"를 한다. 예를 들면 이렇다. 아이가 화가 나서

"왜, 할머니 맘대로 이래라 저래라 하는 거예요? 내가 이 집에 공기 인간인 줄 아세요?"라고 대들면 조부모는 화가 날 수 있다. 이럴 때는 심호흡 세 번(진정)→끄떡끄떡(공감)→입장 바꿔서 생각하기를 한다. 그러고 이렇게 대답해 보자.

"할머니도 유령 인간이 아니야. 만약에 네가 사랑하는 강아지가 왕왕 짖어 대면서 네 침대 위를 널뛰듯이 뛰어다니면 너는 어떻게 할 거니? 그 강아지가 '나? 이 집에 있는 공기 아니야, 내 맘대로 왜 못 해?'라고 도리어 큰소리치면 너는 어떻게 할 거니?"

형제나 자매처럼 두 아이를 돌볼 때, 둘을 앉혀 놓고 번갈아 가며 꾸짖지 말아야 한다. 형에게 동생 흉보고 동생에게 형의 흉을 보면 위신이 추락한다. 방에 데리고 들어가서 일대일로 훈시한다.

아이가 너무 똑똑해서 스트레스를 받으면 서로 역할을 바꿔 가끔은 역할극을 해 보는 것도 좋다. 할머니가 손자가 되고 손자가 할머니가 되어 보는 것이다. 할머니 입장을 경험시키는 것도 필요하다. 아이에게 용기를 주는 것은 좋으나 그렇다고 낮은 수준에만 맞추지 말고 아이의 능력보다 살짝 높은 수준을 요구하자. 줄넘기를 백 번 하고 그만하겠다고 하면 "겨우 그거 하고 힘들어? 야, 할머니는 너만 할 때 열두 고개 산을 넘어 다녔다"라고 하지 말고, "다음에는 120번은 할 수 있겠구나"라고 살짝 도전의식을 심어 준다.

판단력이 미숙한 유아기와 유년 초기에는 잔소리를 많이 해야 하고 엄격하게 양육해야 한다. 일반적으로 조부모들은 자신의 손주들을 사랑하기 때문에 아이들이 원하는 것을 대부분 사 주려고 하지만 부모는 아이들이 자신의 소중한 장난감과 바꾸거나 용돈으로 사도록 한다. 이 방법은 원하는 것을 사는 데 자제심을 길러 준다. 하나님도 우리를 사랑하시기 때문에 우리가 욕심대로 구하면 들어주시지 않는다.

청소년기 아이들의 특징

1) 정신적으로나 신체적으로 아이도 아니고 그렇다고 사회가 어른 대접해 주지도 않는 시기가 청소년기다. '미성년자'라는 꼬리표가 따라다니므로 정체성의 혼란을 겪는다.

2) 과거에 비해 선택의 폭이 넓어지고, 자유롭게 결정하고 행동하기 때문에 책임감을 배워야 하는 시기다. 특히 존경의 대상, 멘토를 찾고자 한다. 그럴 때 조부모는 존경의 대상이 될 수 있다.

3) 청소년은 학업량도 많고 스스로 해야 하는 과제가 많아서 학교에서 돌아오면 예민해져 있다. 밥, 고구마, 감자, 옥수수 등 탄수화물이 익는 냄새는 신경을 가라앉힌다.

4) 간섭이 아니라 묻는 자세가 중요하다. 성장기에 있으므로 따뜻한 음식으로 푸짐하게 잘 먹이자.

5) 용돈은 학업 성적을 잘 받았을 때보다 선행을 했을 때 듬뿍 준다.

6) 손자녀와 단둘만 아는 비밀 암호를 만드는 것도 도움이 된다. 통장 비밀번호나 홈쇼핑 등의 접속 아이디를 공유하면서 "너만 알고 있어"라고 하면 동맹관계가 형성된다. 단 이때는 반드시 비밀을 지켜 주어야 한다.

7) '친구 사귀기'에 도움이 되는 말씀은 필수로 가르치자. "성경에는 멀리해야 할 이웃(친구)이 있단다"라는 말과 함께 아래 성구를 써서 아이 방에 붙여 주자.

"지혜로운 자와 동행하면 지혜를 얻고 미련한 자와 사귀면 해를 받느니라"(잠 13:20).

"두루 다니며 한담하는 자는 남의 비밀을 누설하나니 입술을 벌린 자를 사귀지 말지니라"(잠 20:19).

"노를 품는 자와 사귀지 말며 울분한 자와 동행하지 말지니"(잠 22:24).

"술을 즐겨 하는 자들과 고기를 탐하는 자들과도 더불어 사귀지 말라"(잠 23:20).

"내 아들아 여호와와 왕을 경외하고 반역자와 더불어 사귀지 말라"(잠 24:21).

"이제 내가 너희에게 쓴 것은 만일 어떤 형제라 일컫는 자가 음행하거나 탐욕을 부리거나 우상 숭배를 하거나 모욕하거나 술 취하거나 속여 빼앗거든 사귀지도 말고 그런 자와는 함께 먹지도 말라 함이라"(고전 5:11).

"^{14} 누가 이 편지에 한 우리 말을 순종하지 아니하거든 그 사람을 지목하여 사귀지 말고 그로 하여금 부끄럽게 하라 ^{15} 그러나 원수와 같이 생각하지 말고 형제같이 권면하라"(살후 3:14-15).

"이단에 속한 사람을 한두 번 훈계한 후에 멀리하라"(딛 3:10).

"^{19} 내 형제들아 너희 중에 미혹되어 진리를 떠난 자를 누가 돌아서게 하면 ^{20} 너희가 알 것은 죄인을 미혹된 길에서 돌아서게 하는 자가 그의 영혼을 사망에서 구원할 것이며 허다한 죄를 덮을 것임이라"(약 5:19-20).

8) 이 시기에는 이성에 대해 관심이 커질 나이다. "나때는" 하며 무조건 안 된다고 하기보다 성숙한 이성교제를 할 수 있도록 돕자. 십계명으로 기독교 자아정체성을 다질 수 있도록 가르치자.

아이들의 발달 상태를 확인하자

조부모들은 손자녀를 보고 있으면 이해되지 않는 것 천지다. 그런데 도무지 이해되지 않는 손자녀의 행동에 사실은 저마다의 이유가 있다는 사실을 아는가. 쉬지 않고 뛰는 것도, 산만한 것도 다 그럴 때이기 때문이다. 이것이 발달 단계다. 아이들의 모든 발달은 서로 연결되어서 일정한 방향과 순서를 가지고 단계적으로 진행된다. 이 발달 순서와 특징을 아는 만큼 아이의 행동을 이해할 수 있고, 그러면 애정을 가지고 더 잘 보살필 수 있다. 순서에 따른 간단한 양육법도 배워 두자.

운동기능 발달

신체는 대근육에서 소근육의 순서로 발달한다. 눕고, 앉고 기고, 서고, 걷는 순서를 거치며 전신의 운동기능이 발달한다. 소근육 발달을 돕는 방법으로는 손가락 세기, 쥐기, 손가락 따로 접으며 놀기 등이 있다.

돌 무렵부터 시작하는 '짝짜꿍'은 눈과 손의 통합을 위한 것으로, 사물을 눈으로 쳐다보며 정확하게 잡을 수 있는 훈련이다. 걸음마를 시작하는 아기에게 하는 훈련으로는 '따로 따로 까꿍'이라는 찬트(부록 참조)를 불러 주는 것이 도움이 된다.

사고력의 발달

초기 아이들의 사고력은 나 중심(주관성)→가족(객관성)→사회성(관계성)으로 발달한다. 자기밖에 모르던 인간이 하나님을 만나면 가족과 사회를 돌아보게 되는 것과 비슷하다. 예배 의식이나 행위 등에 참여하는 것이 사고력 발달을 돕는다.

아이들은 사고 발달의 한 표현으로 기회만 있으면 벽이든, 기둥이든 가리지 않고 낙서를 한다. 깔끔한 할머니들은 야단부터 치지만, 그러기보다 벽에 커다란 종이를 붙여 놓아서 정해 준 곳에 마음껏 낙서하게 해 보자.

영의 발달(충만)

사람은 영적 존재다. 하나님의 영은 완전하므로 '발달한다'라기 보다는 '점점 충만해진다' '점점 강해진다'라고 표현하는 것이 맞 겠다.

영의 발달을 위해서는 오른손, 왼손, 기도 손을 반복하기, 성경 읽 어 주기가 도움이 된다.

전인 발달

신장(키)은 생후 2년 동안 급속히 발달하는데, 이 두 살 시기를 사 회성 발달의 제1반항기라고 한다. 이후 여자는 12세, 남자는 14세에 신장의 최고 성장치를 기록한다. 이때를 사회성 발달 제2반항기라 고 한다. 이때 아이들에게 가장 중요한 것은 잘 먹고, 잘 자고, 잘 노 는 것이다. 그것만 하면 아이들은 모든 발달이 균형과 조화를 이루 며 잘 큰다.

인체의 206개의 뼈 조각 사이에는 연골이 있는데 연골 중앙에 얇 은 성장판이 키를 키우므로 성장기에는 근육 자체를 당기고 비틀어 주는 운동을 삼가야 한다. 줄넘기처럼 온몸을 뻗는 동작과, 아침에 는 기지개를 크게 펴는 등의 몸을 밀고 당기는 동작의 운동이 좋다. 운동을 통해서 근육을 늘려야 한다.

키 크는 것을 방해하는 요소들이 있다.

첫째, 성장호르몬은 잘 때 많이 나오는데 수면이 부족하면 덜 자란다. 아기들은 자다가 우느라 부모가 잠을 설친다. 아기는 자는 동안에 키가 자라므로 성장통으로 울기도 하고 배가 고프거나 기저귀가 젖으면 운다. 따라서 아기를 재울 때는 젖을 배부르게 먹이고 재우는 것이 좋다. 신생아의 경우 백색소음이 수면에 도움이 되기도 한다. 입으로 "쉬-"하는 소리를 내 준다. 엄마의 자궁 속에서 매일 듣던 소리와 비슷하다고 한다.

둘째, 아토피성 피부염이 성장을 지연시킨다. 가려움이 수면을 방해하면 혈열에 의해 성장호르몬이 하체로 공급되는 것을 방해한다. 목욕을 자주 하고 보습을 충분히 해 주며 가려움으로 긁는지 관찰한다.

셋째, 성호르몬이 나오면 성장판이 닫히기 시작한다. 사춘기가 되면 남아는 테스토스테론, 여아는 에스트로겐 호르몬이 나오는데 이 성호르몬의 분비가 늘어나면 성장판이 닫히므로 사춘기가 늦을수록 잘 큰다.

발달의 주기성과 연속성

발달은 반복되는 주기가 있다. 우리 인체의 발달은 제1, 제2 반항기처럼 같은 형태가 주기적으로 반복해서 일어난다. 아울러 신체, 지성, 정서, 사회성이 서로 밀접한 관련을 맺으면서 연속성 있게 발달한다. 뇌에 기억회로가 생긴 한 살 아이는 어제 일을 생각하며 우는 경우도 있다. 이 모든 발달 단계는 전단계(준비기간)를 거친 결과로서 나타난다.

발달의 개인차

발달은 개인의 유전, 교육 환경, 랜덤(무작위)현상에 의해 발달 차이를 만든다고 알려졌다. 그렇기 때문에 조금 늦는다고 조급해할 필요도 없고, 또 조금 이르다고 마치 천재라도 된 것처럼 설레발칠 것도 없다. 아이들은 발달 단계에 따라 자기만의 개성을 유지하며 부지런히 성장할 것이다.

아이들이 쉬지 않고 뛰는 이유

아이들은 천천히 걸어 다니지 않고 날렵한 토끼처럼 뛰어다닌다. 침대 위에 올라가서 뛰고 소파에도 얌전히 앉아 있지 않고 뛴다. 뛰어다니는 아이들의 층간소음 문제가 사회적 물의를 일으킨다. 조부모는 정신없이 뛰어다니는 손자녀 때문에 머리가 아프고 아래층 사람에게도 미안하다.

뛰는 것은 성장기의 자연스러운 행동이고, 뇌와 운동 신경계가 발달하는 과정이다. 어린이들은 성인보다 작은 심장을 가지고 있다. 그래서 각 조직으로 보내는 혈액량이 성인보다 적다. 작은 심장으로 혈액 펌프질을 해야 하니 뛰어야 한다. 체력이 넘치니 뛰어야 한다. 그러니 뛰는 손자녀를 활발한 생명력으로 봐 주면 좋겠다. 이 시기에 손자녀를 데리고 집에만 있기 힘들다면 마음껏 뛸 수 있는 키즈 카페나 공원, 놀이터에 데리고 나가자. 집에 트램펄린을 마련해 주어도 좋다. 다만 층간소음을 염두에 두고 매트를 깔아야 한다. 오히려 아이가 활동하기 싫어하고 울지도 않으면 의사의 지도를 받아야 한다.

평형성, 민첩성, 유연성은 5세 때 가장 뛰어나다. 이 유연성 때문에 높은 데서 뛰어내리는데도 크게 다치지 않는다. 창조주 하나님은 넘치는 체력으로 뛰어다니는 아이들에게 유연성이라는 보호 장치를 주셨다. 그런데 아이가 12~13세가 되면 유연성이 도리어 나빠진다. 뛰다가 다리를 다치거나 운동하다가 부상당하는 일이 생긴다. 운동 능력은 출생 후 16세까지 꾸준히 증가하는데, 사춘기에 정체한다.

왜 양말이며 옷을 벗어던질까

어린이는 성인보다 땀샘이 작아서 열 발산 손실이 적다. 따라서 어른처럼 추위를 타지 않는다. 옛날 어른들은 "양반은 벗은 발로 다니는 게 아니다"라면서 아이들 발을 버선에 대님으로 꽁꽁 동여맸다. 그런 문화가 남아 있어 우리나라 어른들은 맨발로 돌아다니는 손자녀가 신경 쓰인다. 그러나 아이들은 차라리 맨발이 낫다. 양말 신고 놀다가 미끄러져 다칠 수 있다. 외출할 때도 너무 두꺼운 옷을 입히지 말자. 몸이 둔해 넘어지기 십상이다. 차라리 얇은 옷을 여러 겹 입히고, 덥다고 하면 벗길 수 있도록 하자.

잠시도 손을 가만두지 않는 아이

사고, 기억, 판단, 감각, 운동, 인지, 몸의 조절을 맡고 있는 신경계는 태어나서 자극에 의해 발달한다. 신경계는 중추신경계와 말초신경계가 있는데 손가락을 통해 감각입력(sensory input)을 하면 신경계는 자극을 통해서 외부 정보를 받아들이고 행동을 통합하고 조절해 준다. 신경계 발달에 따라 어린이는 여러 능력을 갖게 되므로 손가락 감각 자극이 중요하다.

이럴 때는 아이 손에 항상 책이나 물건을 쥐여 준다. 성경 읽어 주는 시간에 작은 공(테니스공 또는 탁구공)이나 부드러운 스카프를 아이 두 손 안에 꼭 쥐여 주어서 만지작거리게 하면 안정감을 갖고 잘 듣는다.

프로이트의 발달이론

아이들의 성장 발달은 여러 측면에서 관찰할 수 있는데 여기서는 프로이트(Sigmund Freud)의 발달이론을 다루었다. 프로이트는 성 충동 에너지에 따라 다섯 단계의 발달을 거친다고 주장한다. 물론 이 부분에 대해서는 학자들도 의견이 갈린다. 소아과 의사이자 정신 분석학자인 도널드 위니컷(Donald Woods Winnicott)은 프로이트의 성적 욕구 발달이론에 비판적이다. 그는 절대적 의존기의 아기 시절에는 안아 주기, 피부 접촉이 가장 중요하다고 주장했다. 아기일 때 부모가 충분히 안아 주는 피부 접촉이 건강한 발달의 핵심이라는 것이다. 그렇더라도 프로이트의 발달 이론은 여전히 여러 방면에서 통용되는 내용이니 알고 있으면 도움이 될 것이다.

구강기: 12개월 이전

이 시기 아이들은 빠는 것, 즉 젖을 빨고, 입을 놀리는 데서 만족과 쾌감을 느낀다. 만약 여기에서 만족감을 얻지 못하면 이런 기억들이 무의식에 저장되어 다양한 성격적 장애가 생길 수 있다. 그런 의미에서 인공 젖꼭지는 '빨기 학습'에 도움이 된다. 아기가 손가락을 빠는 것은 치아가 나기 전 잇몸이 가려워서라고 보는 견해와 애정결핍 증세로 보는 견해가 있다. 어떤 견해로든 손가락 빠는 것을 나쁘게만 볼 필요는 없다. 다만 손가락이 짓무르도록 빤다면 상처가 생길 수 있으니 손가락을 대처할 부드러운 물건을 손에 쥐여 주자.

항문기: 12개월~만 2세

이 시기 아이들은 기저귀를 떼고 변기와 친해지기 시작한 때다. 프로이트는 본능적 욕구인 배설 과정이 불안하거나 배변에서 만족을 얻지 못하면 그 좌절의 경험이 무의식에 저장되어 성격 장애를 가져올 수 있다고 주장한다. 따라서 아기가 배변기와 친밀해지도록 유아 전용 배변기를 사용할 수 있도록 해야 한다.

어떤 조부모는 아기가 오줌을 싸면 엉덩이를 찰싹 때리면서 "또 쌌어?"라고 꾸짖는데, 이런 행동은 절대 해서는 안 된다. 변기에 앉아 배변을 시도할 때 힘을 주는 방법을 모를 수 있다. 그럴 때는 곁에서 "끙, 끙" 소리와 함께 힘을 주는 흉내를 내 주자. 기저귀를 채울 때 '고추 따 먹자'거나 '고추 좀 만져 보자' 하는 등의 말과 행동도 해선 안 된다. 사람이 많은 공공장소에서 기저귀를 갈아 채우는 것도 해선 안 된다. 배변 훈련을 한다는 명목으로 집안에서 알몸으로 돌아다니게 두어서도 안 된다.

창조주 하나님은 본능에 적응하는 타고난 능력을 아기에게 주셨다. 배변은 본능이다. 까다롭게 배변 훈련을 하면 본능 탐색 기제를 혼란하게 만들 수 있다. 생존 본능은 치장하지 말고 자연에 맡기는 게 좋다. 다만 아이가 변비로 고생하고 있다면 음식을 고기 위주로 먹고 있지는 않은지 확인하고, 채소와 친해질 수 있도록 지혜를 발휘할 필요가 있다. 아침에 물을 많이 마시게 하고 배를 따뜻하게 덮어 주는 것도 변비에 도움이 된다.

남근기: 만 3~5세

성과 성기에 관심을 갖는 시기다. 이때 아이들, 특히 남자아이들은 자기 성기에 관심을 두고 만지곤 한다. 여기에 부모, 조부모가 너무 민감하게 반응하면 도리어 성기 만지는 버릇에 집착할 수 있는데, 자칫 정서 장애의 원인이 될 수 있다. 관심을 다른 곳으로 돌릴 수 있도록 부드러운 인형이나 장난감을 손에 쥐여 주는 방법을 사용해 보자.

잠복기: 만 6~13세

이 시기 아이들은 가족, 동료에게 관심을 두면서 성적 흥미에서 멀어진다. 요즘 아이들은 건강 상태가 양호해서, 여자아이들은 12~13세에 월경을 시작하고, 남자아이들도 좀 일찍 성호르몬이 쏟아져 나오는 사례가 증가하고 있다. 아동기는 짧아지고 일찍 어른이 되는 듯하다.

생식기: 만 14~19세

일반적으로 정자 생산력이 가장 왕성한 시기가 10대 후반부터 20대 초반이다. 남자는 대체로 11~18세부터 테스토스테론이라는 남성호르몬이 생성되어 남성적인 몸을 형성하고, 이 시기에 뇌하수체의 영향으로 정자가 만들어지기 시작한다. 보통 이 무렵이 되면 열정을 나눌 수 있는 사랑의 대상을 찾는다. 자신의 신체를 자극하고 어루만짐으로 만족을 얻다가 점차 이성애로 발전한다.

조부모 양육 스타일 파악하기

알아야 할 것은 손자녀의 특징만이 아니다. 조부모의 양육 유형을 아는 것도 중요하다. 자녀 양육 유형을 여덟 가지로 정리해 보았다. 나는 어떤 유형인지 성찰하고 다짐할 점이 있다면 메모해 두자.

1) 소유형: 내 손자녀 내가 돌보는 것이 기쁨이자 낙이요, 내가 사는 보람이라고 생각하는 유형이다. 이런 유형은 어딜 가나 손자녀를 데리고 다니고 싶어 한다. "내 강아지, 강아지" 하며 꼭 붙어 있으려 한다.

2) 과시형: 손자녀를 위해 돈 쓰는 것이 낙이요 기쁨인 유형이다. 부모는 못 사 줄 비싸고 고급스러운 것을 나서서 척척 사 주기 좋아한다. '능력 있는 노인'으로 내 존재감을 드러내면서 큰소리치고 마음대로 휘어잡으려고 한다. 멸시당하거나 미움받지 않고 존경과 사랑으로 보상받으려는 심리가 있다.

3) 실속형: 내가 우선이고 손자녀는 다음이다. 내 건강 내가 챙기는 것이 자녀들을 위하는 길이라고 생각한다. 자녀와 가까운 거리에

살아도 적당한 거리두기를 유지한다. 특별한 가족 모임 때 만나거나 보러 오는 날을 정하고 그때만 본다. 내가 하고 싶은 여가 활동을 하면서 나에게 집중하는 시간을 보낸다.

4) 깔끔형: 멀리 떨어져 있어서 거의 만나지 못해도 전화, 문자, 영상으로 만나고 용돈이나 선물을 보내서 나의 존재감을 알린다. 경조사는 꼭 챙겨 준다. 손자녀를 보살피느니 애완견을 기른다. 물질로 사람 도리는 하되 마음은 절대 주지 않는다.

5) 대리모형: 부모를 대신해서 손자녀의 육아와 교육을 맡으려고 하는 유형이다. 경제적인 보탬도 되어 주고 손자녀 기르는 것에서 보람과 낙을 얻으니까 서로 좋은 관계를 유지한다. 자녀가 이혼하거나 사별하여 손자녀를 떠맡게 되더라도 훌륭히 해낸다. 일방적 희생을 희생이라 생각하지 않고 감내한다.

6) 사명자형: 손자녀 신앙을 위해 원거리 출장도 마다하지 않는다. 원정 성경 레슨, 원정 축복을 한다. 자식들에게 서운해서 "다시는 안 간다!" 하다가도 측은지심에 곧 풀어져서 또 간다.

7) 성직자형: 내 손주뿐 아니라 이웃집의 손주, 먼 친척 손주, 아동보호기관에 맡겨진 아이들을 돌봐 주러 정기적으로 방문하고 무료

헌신 봉사한다.

8) 사역자형: 국가 보조금이나 단체로부터 소정의 수고비를 받고 손자녀 전문 사역을 한다.

chapter 12
반항기 손자녀와 친해지기

�֎
♥

반항하는 아이 지도법

아이들은 몇 살부터 반항할까? 움직이기 싫어하는 할머니가 잰걸음으로 쉴 새 없이 돌아다니는 아이를 돌보려면 체력전에서 밀린다. 가만히 앉아서 아이를 제압하려면 기술이나 요령이 필요하다.

아기가 30개월쯤 되면 엄마는 물론 도대체 사람을 무서워하지 않는다. 교육학자들은 생후 2년 6개월 무렵을 제1반항기라고 부른다. 자기 마음에 들지 않으면 아무 데서나 뒤로 누워서 발버둥을 치며 거세게 대들 때 정말이지 대책이 안 선다. 세 살짜리가 자기주장을 분명하게 한다. 이 시기의 아기는 자아가 독립적이며 호기심이 많다는 것을 보여 주는 반면, 걱정될 만큼 거친 행동들을 하기 때문에

'반항기'라는 명칭이 붙었다.

미국의 행동주의 심리학자 존 왓슨(John B. Watson)은 이때 부모가 "안 돼" "하지 마"와 같은 부정적 언어로 제지하는 것은 어린이에게 부정적인 감정을 심는 원인이 될 수 있다고 했다. 하지만 내가 아이들을 지도하면서 얻은 확신은, 이 주장은 금지와 부정을 혼동한 데서 온 것이다. "안 돼" "하지 마"는 말은 부정적 언어가 아니라 금지언어다. 해야 하는 것과 해서는 안 되는 것, 즉 옳음과 그름을 분별하게 하는 통제 언어다. 반면 부정적 언어란 "그것 봐, 넌 항상 그 모양이지" 같은 말이다. 이 말에는 비아냥거리는 투와 아이의 행동을 비난하는 뉘앙스가 담겨 있다. 이런 말은 결코 어른이 아이에게 해서는 안 된다.

아이가 해서는 안 되는 행동을 할 때 "하지 마"라고 하는 것은 꼭 필요하다. 결코 부정적인 개념을 심는 것이 아니다. 물론 단순히 부모 또는 조부모가 기분이 나쁘다는 이유로 화풀이하듯 "안 돼"라는 말을 남발하는 것도 좋지 않다. 아직 몸을 자유자재로 가누지 못하는 아기가 엎고 쏟고 어지르는 것은 너무 당연하다. 이것은 아기가 의도한 행동이 아니다. 그럴 때 어른이 짜증 섞인 투로 "그만 해!" "하지 마"라고 소리쳐서는 안 된다. 만약 아기가 이런 상황에 놓인다면 누가 가장 큰 스트레스를 받을 것 같은가? 바로 아기 자신이다. 의사 표현이 서툰 시기는 가장 많은 스트레스를 받는다. 그래서 소리를 지른다. 그럴수록 어른은 목소리 톤을 낮춰야 한다.

"안 돼" "하지 마"라는 말이 필요할 때는 보통 금지와 허용의 분별을 배워야 하는 나이다. 이때는 아이가 반항적으로 고집을 부리고 의도적으로 나쁜 행동을 할 수 있다. 그럴 때는 무조건 "안 돼"라고 하기보다 왜 그런 행동을 하면 안 되는지를 가르치자. 이 행동을 하면 어떤 일이 일어날지, 그다음에는, 또 다음에는 어떤 일이 일어날지 질문해서 상상력을 이끌어내 보자. 때로는 단호한 금지 선언이 필요하다. '이것은 하나님이 허락하지 않은 것'이라고 분명한 태도를 보여 주어야 한다.

조부모가 반항기 아이를 볼 때 기억해야 할 것

1) 관심을 끌기 위한 반항과 신념을 가진 고집을 구분하자.

2) 혼낼 때는 분명한 전후상황을 물어보자. 넘겨짚어서는 안 된다.

3) 칭찬은 무조건 '잘했어' 보다, '우리 ○○(이)가 이런 것도 할 수 있구나'처럼 구체적으로 하자.

4) 싫어하는 일을 해냈을 때 보상을 하자.

5) 허용된 일과 금지된 일의 한계를 설정해 주자.

성질 별난 손주 휘어잡는 법

아이들은 상대에게서 자신보다 뭔가 부족한 점을 발견하면 얕잡아 보는 본성이 있다. 텃세도 대단하다. 할머니 집에 가면 공손하던

애가 할머니가 자기 집에 오면 세도를 부린다. 자기 물건 건드리지도 못하게 하고 엄마 뒤에 숨어 할머니에게 대들기도 한다.

조부모는 비교적 손주를 많이 혼내지 않으므로 아이 또한 조부모를 좋아하고 잘 따른다. 하지만 과도한 애정은 버릇없는 아이를 만들 수 있다. 예수님의 가르침에, 하나님은 의로운 자와 불의한 자에게 비를 주시고 선한 사람과 악한 사람에게 태양을 주신다고 하셨다(마 5:45). 식물이 성장하는 데는 햇빛만 필요한 게 아니라 대지를 적셔서 기름지게 할 비가 필요함을 말씀하신다. 사람 교육도 마찬가지다. 항상 따뜻하고 온화할 수만은 없다. 그것은 잎을 타 죽게 만든다. 아이를 야단칠 때 아이의 자존감에 상처 주지 않고, 분노를 쏟아붓지 않고 조심한다면 단비와 폭우는 갈증을 해소하고 더러운 것을 말끔하게 씻어 줄 것이다.

"내 교훈은 비처럼 내리고 내 말은 이슬처럼 맺히나니 연한 풀 위의 가는 비 같고 채소 위의 단비 같도다"(신 32:2).

하나님은 엘리가 아이들의 불량한 행동을 금하지 않았다고 책망하셨다(삼상 3:13). 다윗의 아들 중에 넷째인 아도니야는 용모가 심히 준수하고 그의 아버지가 네가 어찌하여 그리하였느냐고 하는 말로 한 번도 그를 섭섭하게 한 일이 없었다고 한다(왕상 1:5-6 참고). 꾸지람 한 번 받지 않고 자랐다는 말은 그의 형들에 비해서 그렇다는 애

기다. 암몬과 압살롬이 얼마나 부모 속을 썩이다가 죽었는지를 안다면, 아도니야는 그에 비해 그래도 모범생이라는 말이다. 그러나 야단 한 번 안 쳤더니 그 아이는 아버지의 머리 꼭대기에 올라앉았다.

기도하는 어른에게서 드러나는 권위

기도는 아이의 영을 영권으로 제압하는 가장 확실한 무기다. 자기가 고민하던 문제가 할머니의 기도로 해결되는 것을 보며 자란 손자녀는 할머니를 하나님 다음으로 존경한다.

믿음생활 중에 탄탄한 개인기 실력 하나쯤은 무기로 갖추자. 예를 들면, "할머니가 이번에 십계명 암송대회에 나가는데 잘 외우는지 봐 줄래?"라고 말하며 암송 실력을 살짝 자랑한다. 그러면 아이 입에서 "와아, 우리 할머니 최고다!"라는 찬사와 감탄사가 나온다.

명절은 실력 발휘하는 날이다. 내 모친은 95세인데 명절에 가족들이 모여 가정 예배를 드리면 찬송가 몇 장을 펴든 1절부터 3절까지 틀리지 않고 외워 부르며 분위기를 제압하신다(물론 예배 순서를 당신이 짜니까 외운 찬송가만 순서에 넣는다). 손자녀들, 사위들도 그걸 못 외워 찬송가 펴 놓고 부르는데 말이다. 어떻게 그리 찬송가를 잘 외우시는가 봤더니 시간이 많아서 명절 한 달 전부터 명절 때 부를 찬송 곡을 달력에 순서대로 써 놓고는 그 순서대로 밤낮으로 부르셨다. 평소에 닦아 둔 실력이 명절에 나타났다.

95세 내 모친도 못하는 것은 있다. 에어컨의 온도 조절하는 법을 모르서 손자녀들에게 전화해서 리모컨 작동법을 배우시는데, 금세 잊어버리고 또 연락하신다. 첨단기기 사용에 서툴고 사용법을 모르는 것은 주눅들 일이 아니다. 젊은이들이라고 다 아는 것도 아니다. 문화 부적응 스트레스는 젊은이들도 받는다. 그러나 물을 때도 지켜야 할 매너가 있다. 업무 중이거나 바쁜 일정을 소화해야 하는 자녀, 손자녀들에게 걸핏하면 전화해서 "TV가 갑자기 먹통이다. 왜 그러니? 빨리 와서 이것 좀 해결해 줘"라고 하는 것은 실례다. 전화 안 받는다고 심술부리면 꼰대 소리 듣는다.

무시당하지 말고 좋은 친구가 되자

손자녀를 만나면 용돈이나 선물부터 주지 말자. 기도하고 예배드리고 나서 용돈을 주자. 다 이유가 있다.

영아부 할머니가 아들 가족과 쇼핑을 다녀와서 들려준 이야기다. 네 살 손주가 장난감을 사 달라고 조르는데 며느리가 당차게 뿌리치기에, 그걸 지켜 보던 할머니가 손주를 사랑하는 마음으로 사 주었다. 그랬더니 그날 후로 손주가 할머니만 만나면 "할머니! 백화점, 백화점!" 하고 조른다는 것이다. 그 모습이 귀여워 장난감을 사 주면 갑자기 손주 태도가 싹 달라졌다고 한다. 안아 주려고만 하면 "싫어!" 하며 달아나고, 장난감을 만져 보려고 하면 "할머니 만지지 마!

내 거야!"라고 하더란다. 그 할머니는 "돈이나 물질로 사랑을 기대하면 실망해요. 5세 무렵의 손주를 사랑하는 방법은 돈이나 물질이 절대 아니더군요"라고 털어놓으셨다. 그렇다. 돈으로 사랑하면, 돈을 더 많이 주는 삼촌 앞에서 보란 듯이 배반당한다.

손자녀가 제법 컸다고 "할머니는 그것도 몰라?"라며 무시하면 "참 영특하네, 할머니가 모르는 것을 알고 있구나"라고 추켜세워 주면 안 된다. 남을 무시하는 말은 장차 사회생활 하는 데도 커다란 인격 장애가 된다. 아이가 모를 수 있는 질문을 해서 할머니가 모르는 게 많듯이 손자녀 역시도 모르는 게 많다는 사실을 아이가 깨닫도록 해야 한다. 막무가내로 떼를 쓰면 협박하거나 겁주지 말고 냉정하게 돌아서서 침묵으로 일관한다.

그러나 의리는 지키자. 아이가 시험 점수가 안 나와 부모에게 혼나면 괜히 옆에서 부모 편들지 말고 조용히 문 닫고 방에 들어가자. 나중에 아이를 위로해 주며 "엄마가 너를 사랑해서 그런 거란다. 엄마들은 원래 다 그런단다"라고 말해 주자. 괜히 한쪽 편만 들다가 양쪽의 배신자가 되지 말아야 한다. 아이에게 "지 애비, 애미를 닮아서 그렇다"느니, "요즘 애들이 버릇이 없다"느니, "선생이 그것밖에 안 가르쳤냐"느니 하는 말들은 절대 해서는 안 된다. 괜히 그랬다가 손자녀와는 영원히 관계를 돌이킬 수 없다. 나중에는 손자녀에게 무시당하는 조부모가 될 것이다.

조부모가 손자녀에게 무시당하지 않으려면

1) 자녀가 주는 용돈은 손자녀 보는 앞에서 받지 않는다.

2) 빗질도 안 된 머리에 초라한 옷차림으로 아이를 데리러 가지 않는다.

3) 사사건건 아이 부모에게 일러바치지 않는다.

4) 돈을 줄 때는 푼돈보다 목돈을 준다.

5) 아이의 서랍이나 가방을 뒤지거나 물건을 함부로 꺼내 쓰지 않는다.

6) 개인의 사생활을 미주알고주알 캐묻지 않는다.

3~5세 손자녀를 위한 안전점검

유대 랍비 메나헴 멘델(Menachem Mendel)은 값비싼 식탁을 선물로 받았다. 한번은 그의 어린 아들이 이웃집 아이를 데리고 와서 식탁 앞에서 놀다가 이웃집 아이가 식탁 모서리에 머리를 부딪혀 몇 분 동안 울었다. 메나헴 멘델은 사려 깊게 즉각적으로 아이를 위로하고 살펴 안정을 취하게 해 주었고, 아이는 다행히 금세 울음을 멈추고 다시 웃으며 즐거운 놀이를 계속했다.

이웃집 아이가 집으로 돌아가자 메나헴 멘델은 식탁 모서리를 잘라 버렸다! 유대 사회에서 가장 값나가는 가구는 식탁이다. 매 안식일마다 예배드리는 제단이기 때문이다. 게다가 그 물건은 선물로 받은 것이었다. 차라리 이웃집 아이를 번잡스러운 아이라 흉을 보는 일이 쉬웠을 것이다. 모서리를 잘라 버릴 것까지는 없었다. 그런데 메나헴 멘델은 그렇게 하지 않았다. 그것에 의해 누군가가 해를 당하자 문제가 될 수 있는 장애물을 아예 없애 버린 것이다.

메나헴 멘델의 이야기는 아이가 다쳤을 때 최선의 돌봄이 어떤 것인지에 대해 교훈을 준다. 만약 손자녀가 우리 집에 놀러 와 식탁 모서리에 이마를 부딪쳤다면 어떻게 하겠는가. 다음 질문을 읽고 생각해 보자.

1) 왜 식탁에 이마를 부딪친 아이가 메나헴 멘델의 아들이 아니라 이웃집 아이였을까?

2) 그 아이가 조심성이 없고 번잡스러워서일까?

3) 아이들이 낯선 장소에서 다치는 이유가 뭘까?

4) 아이가 무사했고 다친 데 없으면 됐지, 선물 받은 값비싼 물건의 모서리를 톱으로 잘라 버리는 것이 타당한 일이었을까? 그는 무엇을 염려한 것일까?

5) 메나헴 멘델의 아내는 이런 남편을 이해할까?

6) 랍비의 그런 행동은 다친 아이와 그 아이의 가족에게 어떤 인상을 주었을까?

메나헴 멘델은 레위기 19장 14절의 "너는 귀먹은 자를 저주하지 말며 맹인 앞에 장애물을 놓지 말고 네 하나님을 경외하라 나는 여호와이니라"라는 말씀을 실천한 것이다. 어린아이들은 마치 시각과 청각장애자나 다름없다. 아이들이 다치지 않도록 장애물을 치우는 것이 여호와를 경외하는 것이다.

오래전 일이 떠오른다. 교회 권사님이 손자녀를 데리고 이웃 권사님의 집을 방문했다. 아이가 카펫에서 놀다가 그만 우유를 쏟았다. 카펫을 세탁하는 데 5만 원이 들었다며 "다시는 그런 애를 집에 데려오지 말라"고 해서 참 난처했다고 한다. 이웃이 방문할 때 "아기를 데리고 가도 되나요?"라고 양해를 구했다면, 그리고 아기가 우리 집에 온다는 사실을 사전에 알았다면 우리집이 아이에게 안전한 공간이 될 수 있도록 안전조치를 해야 한다.

혹시 이웃의 아이가 우리집에 왔다가 다쳐 울며 돌아간 일은 없는지 떠올려 보자. 반대로 우리 아이가 옆집에 놀러갔다가 울며 돌아온 적은 없는지, 또 내 부주의한 행동이나 안전 불감증으로 장애물을 치우지 않아서 아이가 똑같은 곤욕을 치른 적은 없는지 생각해 보자. 앞으로는 그런 일이 없도록 우리집을 손자녀가 머물기에 안전한 공간으로 탈바꿈시켜 보자.

실내 안전 점검 30

1)주방: 프라이팬이나 조리 기구의 손잡이는 안쪽으로 돌려놓는다.

2) **화장실 바닥:** 바닥에 물기가 있으면 미끄러질 위험이 있다. 화장실에서 비누 거품 놀이를 하면 안 된다.

3) **욕조:** 적은 양의 물이라도 절대 담아 두지 않는다.

4) **수도꼭지:** 온수주의! 장난치기 않도록 한다.

5) **방바닥:** 단추, 구슬, 동전, 바늘 등의 작은 물건들은 즉시 치운다. 밟거나 삼킬 수 있다.

6) **창가:** 물건을 쌓아 놓지 말고, 낮은 의자가 있으면 치워 둔다.

7) **베란다:** 난간에 매달리지 않도록 하고 베란다 창을 잠가 둔다.

8) **창문:** 물건을 창밖으로 던지지 않게 한다.

9) **문:** 여닫을 때 아이 손이 문틈에 끼이지 않게 조심한다.

10) **모서리:** 가구나 벽 모서리 등 위험한 위치에 보호커버를 붙여 둔다. 마트에서 구입할 수 있다.

11) **가스레인지:** 불에 음식을 데우거나 끓일 때는 자리를 떠나지 않는다.

12) **식탁:** 식탁보를 덮지 않는 게 좋다.

13) **냉장고:** 함부로 문을 못 열게 하고, 그 안으로 못 들어가게 한다. 아기에게 그런 버릇이 있다면 냉장고 안을 빈 상자 등으로 가득 채워 두자.

14) **서랍장:** 손잡이에 매달리지 않도록 조심한다. 앞으로 쓰러지지 않도록 가구를 벽에 단단히 고정시킨다.

15) **침대:** 안전바를 설치하자. 아이를 침대에 재우면 굴러 떨어지

거나, 뛰어놀다가 구를 수 있다.

16) **화장품:** 화장품, 세제, 의약품, 살충제, 화학 성분이 있는 용품은 아이 손이 닿지 않는 곳, 보이지 않는 곳에 보관한다.

17) **칼, 가위, 헤어드라이기:** 아이 손이 닿지 않는 곳에 보관하고, 사용 후에는 반드시 전기 코드를 빼서 보이지 않는 곳에 치워 둔다.

18) **전기:** 콘센트마다 캡을 씌운다. 캡이 있어도 열고 쇠젓가락 등으로 장난치지 않도록 잘 살펴야 한다.

19) **전선:** 전선을 몸에 감는 식의 장난은 못 하게 하고, 가급적 짧은 것을 사용한다. 물 묻은 손으로 만지지 못하게 해야 한다.

20) **세탁기:** 빨래를 꺼낸 후에는 문을 반드시 닫는다.

21) **선풍기:** 모터 위에 올라가 앉거나 날개에 손을 넣지 못하게 망을 씌운다.

22) **다리미:** 사용 중에 절대 자리를 뜨지 말고 사용 후에는 완전히 식을 때까지 아이의 손이 닿지 않는 곳에 둔다.

23) **화초:** 베란다나 작은방 등에 치워 둔다. 특히 가시가 날카로운 선인장은 처분하길 권한다.

24) **음식:** 찰떡, 젤리, 껌, 막대가 없는 사탕 등은 주지 않는다. 잘못하다 기도가 막힐 위험이 있다.

25) **입:** 음식을 입에 담은 채 말을 걸거나 웃거나 울거나 뛰어놀면 기도가 막힐 위험이 있다. 만에 하나 벌어질 일을 대비해 유튜

브 등을 통해 응급처치법을 배워 두자. 하임리히법이나 심폐
소생술 방법을 알고 있으면 유용하다.

26) **눈:** 머리카락, 속눈썹처럼 미세한 물질들은 비비지 않아도 눈
물 나올 때 흘러나온다. 손으로 비비지 못하게 한다.

27 **귀:** 귀에 고인 물은 외이염이 될 수 있다. 귀를 아래로 하여 제
자리 뛰기를 시키면 물이 나온다.

28) **코:** 코를 후비거나 코에 콩알처럼 작은 이물질을 넣으며 장난
치지 못하게 한다. 코를 풀 때는 딱히 코 반대편을 막은 후 풀
게 하자.

29) **화상:** 화상 부위에 직접 얼음을 대지 말자. 물집을 터뜨리지 말
고 항생제 연고를 발라 주자.

30) **외출할 때:** 가스레인지, 전기 스위치를 안전하게 껐는지 꼭 확
인하고 현관문은 한 번 더 흔들어서 잠긴 것을 확인하고 외출
한다. 긴급 상황이 생기면 당황하지 말고 119, 1339로 연락한
다. 주님께 구조 요청의 긴급 기도를 한다.

실외 안전 점검 13

1) **자가용을 이용할 때:** 카시트를 이용하자. 아이가 싫어해도 양보할
수 없다. 주차 후에 아이 혼자 내리지 못하도록 지시한다. 차에
서 내린 아이는 가만히 서 있지 않는다. 반드시 어른이 먼저 내
린 후 아이를 내리게 한다. 간혹 아이와 함께 차에 탔다는 사실

을 잊어버리고 문을 잠근 채 혼자 돌아오는 조부모가 있다. 주차 후에는 뒷좌석 문을 반드시 열어 보는 습관을 갖자.

2) 주차장에서: 차와 차 사이에 숨거나 차량 뒤에 앉아서 놀지 않도록 가르친다.

3) 대중교통을 이용할 때: 버스나 택시에서는 의자 위에 올라서지 않게 한다. 반드시 안전띠를 채우자. 하차할 때 오토바이가 오지는 않는지 좌우를 살펴보고 내린다.

4) 길에서: 사고는 순식간에 일어난다. 아이를 데리고 나오면 어른은 휴대폰 보는 일을 최소한으로 줄여야 한다. 정말 중요한 일이 아니라면 통화도 자제해야 한다. 차가 많은 곳으로 갈 때 공은 갖고 가지 않도록 지도하고, 혹시나 공이 차도로 굴러갔을 때는 어른의 손을 뿌리치고 먼저 뛰어나가지 않도록 가르친다. 골목의 모서리를 돌 때는 혼자 뛰어나가지 못하게 반드시 손목을 잡고 좌우를 살핀 후 나간다.

5) 건널목에서: 녹색 등이 켜져도 바로 건너지 않고 좌우를 살핀 후 건넌다. 아이가 언제 손을 뿌리치고 뛰어갈지 모르므로 손목을 꽉 잡는다.

6) 유모차: 한 살 미만 아기라도 포대기 없이 업거나 안지 말고 유모차를 이용하자. 실내에서부터 유모차에 태워 이동하는 방법도 있다. 유모차에 앉힐 때는 안전띠를 매야 한다. 혹시나 아이가 뒤척거리다가 굴러떨어질 수 있다.

7) **에스컬레이터:** 반드시 아이의 손을 꼭 잡는다. 혼자 계단을 오르락내리락하며 장난치지 못하게 한다.

8) **엘리베이터:** 문이 닫힐 때 서둘러 뛰어 들어가지 말자. 타기 전에는 한쪽에 비켜서서 사람이 내린 후에 타도록 하고, 버튼을 함부로 누르지 않도록 지도한다. 문이 열리고 닫힐 때 문 근처에 서 있거나 손을 대지 못하게 한다. 공중 장소에서는 기본적인 예절을 지킬 수 있도록 가르친다.

9) **회전문:** 혼자 이용하거나 회전문에 손을 넣지 않게 한다.

10) **놀이터:** 추락, 충돌, 넘어지는 사고가 많으니 주의하자. 미끄럼틀에서 뛰어서 내려오지 않도록 한다. 거꾸로 올라가서도 안 된다. 그네나 시소 등에서 뛰어내리지 않게 한다. 친구를 배려하는 법을 가르친다. 놀이터에서 술래잡기를 하자고 하면 절대로 하면 안 된다.

11) **비 오는 날:** 손잡이가 쇠로 된 우산을 씌우지 않는다.

12) **사람이 많은 곳에서:** 한창 총이나 칼 같은 장난감을 갖고 노는 시기가 있다. 이럴 때 사람을 공격하지 못하게 주의를 준다.

13) **노상방뇨:** 기저귀를 뗄 무렵 아이들을 데리고 다닐 때는 화장실 위치를 확인해 두고 수시로 다녀오게 하는 것이 좋다. 아이라도 사람 많은 곳에서 노상방뇨 시키면 안 된다. 남자아이들의 경우 빈 병을 챙겨 다니면 유용하다.

chapter 13

주의 교양과 훈계로 키우기

❋
♥

손자는 노인의 면류관이라고?

잠언 17장 6절에 보면 "손자는 노인의 면류관"이라는 말이 나온다. 이것만 보면 우리 눈에는 면류관만 보인다. 그런데 이 말을 이해하려면 말씀의 앞뒤 문맥을 같이 읽어야 한다.

"[4] 악을 행하는 자는 사악한 입술이 하는 말을 잘 듣고 거짓말을 하는 자는 악한 혀가 하는 말에 귀를 기울이느니라 [5] 가난한 자를 조롱하는 자는 그를 지으신 주를 멸시하는 자요 사람의 재앙을 기뻐하는 자는 형벌을 면하지 못할 자니라 … 지나친 말을 하는 것도 미련한 자에게 합당하지 아니하거든 하물며 거짓말을 하는 것이 존귀한 자에게 합

당하겠느냐"(잠 17:4-5, 7).

다소 생뚱맞은 문장 연결이다. 그러나 유대 문학의 특징이 비유라는 점을 기억하자. 특히 잠언은 비유와 풍자가 많으므로 여러 방향으로 생각해 보아야 한다. 면류관은 보통 머리에 쓴다. 손자가 면류관이라는 말은 어쩌면 그저 손자를 끔찍하게 사랑하는 노인의 심리와 머리 꼭대기에 앉은 버릇없는 손자를 빗대어 풍자한 반어법이 아닐까. 그런데 무서운 것은 5절에 "가난한 자를 조롱하는 자는 그를 지으신 주를 멸시하는 자"라고 한다. 가난한 자를 조롱하는 자와 자기 조부모의 머리 꼭대기에 올라 앉은 손자가 오버랩된다. 정말 무서운 말 아닌가.

유대 사회가 최고로 존경하는 주석가 라시(Rabbi Shlomo Yitzchaki Rashi)도 잠언 17장 6절을 이렇게 풀이했다.

"손자가 의로운 길, 선한 길로 행할 때에 한해서 손자는 노인의 면류관이 된다. 하지만 버릇없는 손자는 면류관이 아니다. '아비는 자식의 영화'라는 뜻은 무엇인가? 의로운 길을 걷는 아버지라야 그는 자식의 영화가 된다. 만약 부모가 불의한 길을 걷는다면 자녀에게는 영화가 아니라 수치가 될 것이다."

만약 훌륭한 아버지를 둔 아들이 아버지의 후광을 의지해서 망나니짓을 한다면 7절에 언급된 대로 그는 미련한 자다. 아버지의 권력과 세도를 믿고 당당하게 거짓말, 뇌물수수, 가난한 자를 조롱하며 온갖 악행을 하며 휘젓고 다니는 아이는 미련하고 악한 아이를 상징한다.

노인의 면류관이 되어야 할 손주가 버릇없이 굴거나, 부모 믿고 까부는 아이를 방치한다면 그 가문에는 끔찍한 미래가 다가올 것이다. 늦기 전에 잘못된 것은 "안 돼!" 하고 바르게 가르치자.

주의 교훈과 훈계로 하라

누구나 손주를 기르다 보면 한 번쯤은 후회한다. '내가 왜 아이를 봐준다고 했을까' '애 봐주고도 좋은 소리는커녕 원망만 듣는군' '내가 다시는 딸 집에 오나 봐라'라며 분통 터뜨리기도 하고, 모든 게 자기 탓인 것만 같아 자책하고 후회도 한다. 딸 집이어도 힘든데, 며느리와 갈등이 생기면 더 골치가 아프다. 손자녀 육아 문제가 고부 갈등으로까지 번져 고단해진다.

그런데 어떤 사람은 칭찬보다 꾸지람에서, 성공보다 실패에서 더 많은 교훈을 얻는다. 실수나 실패를 거울삼아 겸손을 배우고, 내면을 성장시키는 밑거름으로 삼는다. 같은 실수나 실패를 계속해서 반복하는 것은 피해야 하지만, 더 큰 실수는 비난 좀 받았다고 좌절과 실의에 빠지는 것이다. 실패는 자기가 만든 결과다. 그러므로 남 탓을 해서는 절대 안 된다. 자기 자신에게 스스로 용기를 줘야 한다. "실수한 원인을 알고 나니 실수해서 참 다행이다. 무식한 사람이 얼은 교훈이 많다"라고 스스로를 북돋고 용기를 주면 성장의 계기가 된다.

> "또 아비들아 너희 자녀를 노엽게 하지 말고 오직 주의 교훈과 훈계로 양육하라"(엡 6:4).

우리가 흔히 육아에 실패하는 것은 훈계를 잘못하기 때문이다. 훈계할 때 아이의 자존감과 자율성, 자유의지를 무시하고 권위로 제압하려 들면 실패한다. 아이를 화나게 하지 말라는 말은 기죽이지 말라는 말이다. 하지만 지나친 과잉보호로 심리적 부담을 주거나 죄의식이 생기지 않도록, 주의 교양과 훈계로 하는 양육법을 배워 보자.

행동 자체만 꾸짖고 실수는 꾸짖지 않는다

> "너는 이웃과 다투거든 변론만 하고 남의 은밀한 일은 누설하지 말라"(잠 25:9).

규범에 어긋나는 행동을 하고도 당연시하는 태도를 보이면 꾸짖어야 한다. 혼낼 때는 과거를 들춰내거나 아이 개인의 존엄성 자체를 책망하지 말고 그 행위에 대해서만 꾸짖어야 한다. 예를 들면 하나님이 사라가 웃고도 웃지 않았다고 딱 잡아뗄 때 "너 왜 거짓말하니? 웃었잖아"라고 혼내지 않으셨다. "넌, 그런 근성이 있지. 그때도 그랬잖아. 넌 항상 그런 식이었어"라면서 면식범이라는 뉘앙스를 주시지도 않았다. 말에 공격성을 담아서 "네가 거짓말한 게 아니면 내가 거짓말했다는 거니? 너 왜 나를 그런 식으로 몰아?"라고 하시지도 않았다. 하나님은 그저 "아니다. 네가 웃었다"라고만 하셨다. 사라의 자존감을 꾸짖으신 것이 아니라 일어난 행동, 웃은 그 자체만을 꾸짖으셨다.

"두 번 다시 그러면 안 돼. 또 그럴 거야?"라고 윽박지르는 것은 아이를 위협해서 공포심을 심는 것이지 바람직한 충고가 아니다. 이런 식으로 아이에게 완벽을 요구하면 주눅이 들어서 판단력을 잃게 된다.

화가 난 채 감정을 섞어 야단을 치면 아이 마음에 분노를 심게 되고 아이는 정서가 불안정해질 수 있다. 친구와 텃밭을 가꾼 적이 있는데, 배추를 모종하고 이틀 후에 폭우가 쏟아졌다. 그바람에 모종한 배추가 온데간데없이 사라졌다. 아이를 꾸짖을 때는 마치 정원에 심은 어린 묘목과 싹을 보살피는 심정으로 해야 한다. 폭우처럼 소리 지르면 안 된다. 감정에 상처를 줄 정도로 야단치면 하지 않느니만 못하다.

또 실수했을 때는 혼내지 않아야 한다. 감각의 미분화 단계에 있는 유아들은 국을 엎고, 우유를 쏟고, 밥을 흘리고, 넘어지고, 아무튼 사고뭉치(?)다. 그런데 실수는 어른도 한다. 실수를 했다는 것은 무엇인가를 시도했다는 말이다. 실수할 때마다 꾸중을 듣고 혼난다면 어떤 일도 쉽게 시도하지 못하는 소심쟁이가 될 수 있다.

두 살이 채 안 된 찬영이는 밥 차리는 엄마를 도와줄 마음에서 밥상에 올릴 단무지 통을 들고 오다가 떨어뜨렸는데 얼른 주변의 어른들을 둘러보며 미안하다는 표정을 역력하게 지었다. 어린애가 어쩌면 그렇게 난감한 표정을 짓는지 놀라웠다. 아이들은 자신이 어떤 일을 했는지 안다. 아이가 자기 행동에서 실수한 것을 인정한다면 나무라서는 안 된다.

물론 같은 실수를 여러 번 반복하는 것도 좋지는 않다. 그럴 때는 훈계보다는 응원과 용기 주는 말, 위로의 말을 해 주는 것이 좋다.

때로는 회초리도 필요하다

돌잔치에 가면 '돌잡이' 순서가 있다. 돌잡이를 하기 위해 마련한 접시에는 돈다발, 금덩어리, 음식, 갖가지 진귀한 물건이 차려져 있다. 그야말로 돌상이 아니라 돈상이다.

내가 아는 이희애 전도사가 아기 돌 예배에 초대를 받아 갔는데 조부모가 회초리 일곱 개를 보자기에 싸서 돌상에 올리는 것을 보았다. 아기의 할아버지는 부모에게 "말 안 들으면 이 매로 다스려라"라고 하셨다. 체벌금지법이 있어서 부모라도 아이에게 매를 들 수 없는 세상인데 할아버지는 자신의 자녀 교육 철학을 포기하지 않으셨다.

그리고 여러 해가 지났다. 그 아기가 초등학생이 되었다. 어느 날 새벽기도를 마치고 나오다가 교회 뜰에서 우연히 아이 아빠를 만났다. 반갑기도 했지만 돌잔치 때의 일이 생각나서 "아이 돌 때 할아버지가 주신 회초리는 어떻게 되었나요? 진짜 아이를 때렸나요?"라고 물었더니 "매 한 개는 부러졌어요"라고 했다. 그래서 나는 또 "아이는 맷값대로 잘 크나요?"라고 물었더니 아이 아빠는 "아주 잘 크고 있어요"라며 딸 자랑을 아끼지 않았다.

물론 아무 때나 매를 들라는 말은 아니다. 어떤 어른들은 조그만 잘못에도 자기 분을 이기지 못하고 아이에게 매를 든다. 체벌금지법은 아마도 매를 드는 어른이 감정 조절에 종종 실패하니 생긴 것이 아닌가 싶다. 게다가 70대 어르신들은 어린 시절 비교적 매를 많이 맞고 자란 세대다. 그러다 보니 자기가 보고 자란 대로 툭하면 손이 올라갈 수 있다. 그러나 체벌은 그런 것이 아니다. 잠언은 교정의 순서를 훈계→징계→체벌의 순서를 지키라고 한다. 반드시 기억해야 한다.

체벌할 때 주의점

1) 반드시 도구를 사용할 것

2) 정해진 곳을 때릴 것(주로 등back, 잠 10:13, 19:29, 26:3)

3) 체벌할 때는 아이의 등 뒤에 서서 할 것(잠 26:3)

4) 체벌 전에 아이에게 잘못이 무엇인지 충분히 설명할 것

   (체벌 전에 2~3차례 경고하기)

5) 화가 난 상태에서 매를 들지 말 것

아이의 기도를 들어주자

그렇다고 손자녀에게 너무 빡빡한 조부모가 되지는 말자. 때로는 아이의 상황을 잘 살피고 필요를 채워줄 줄 아는 조부모의 여유로움도 필요하다.

신혜영 사모는 교회의 영아부를 맡아 봉사했다. 영아부 사역을 하다 보면 아기 집에 심방할 일이 종종 있어서 주중에도 사역을 나가야 하는데, 세 살 된 아들을 맡길 데가 없어서 아이를 데리고 심방을 다녔다고 한다. 그런데 그걸 몇 번 하자 아들이 "엄마, 오늘은 심방 안 가요? 심방 갑시다"라며 조르고 심방 놀이까지 했단다. 진짜 심방 가는 날이면 좋아서 먼저 신을 신고 콧노래를 부르며 따라나서는 것이 처음에는 하도 기특해서 고마웠다고 한다.

그런데 아이가 심방을 왜 그렇게 기다리고 좋아하는지를 나중에 알았다. 신혜영 사모님의 남편 목사님은 부교역자의 넉넉지 않은 월급으로 생활이 빠듯했다. 그러다 보니 아이가 사 달라고 조르는 장난감을 못 사 줄 때가 많았다. 다행히도 아이가 투정을 부리거나 조르지 않아서 아이 마음을 읽지 못했다고 한다.

그러던 중에 엄마 따라 심방을 간 그 집에 장난감들이 가득한 것을 아이가 본 것이다. 심방을 받는 그 집 엄마는 "장난감 가지고 조용히 놀고 있어라"라고 장난감을 내어주고는 예배를 드리곤 했다. "어쩜, 아이가 이렇게 예배를 방해하지 않고 혼자 조용히 있네요"라며 칭찬도 듣고 맛있는 간식도 대접받았다. 엄마 따라 심방을 가면 좋아하는 자동차, 기차 장난감으로 놀 수 있는데 간식까지 먹으니 아이는 심방하는 날이 너무 신이 났다. 그래서 그날을 기다리며 열심히 따라다닌 것이다.

하지만 남의 장난감이니까 그냥 두고 나와야 하는 아이는 늘 아쉬움이 있었나 보다. 아이는 집에 올 때 스스로 다짐하듯이 "엄마, 십계명에 남의 물건을 허락 없이 들고 나오면 안 된다고 하셨지요?"라고 몇 번이나 이야기하더란다.

한번은 아이를 데리고 외가에 갔는데, 아이의 할아버지 할머니가 무척이나 반기고 아이를 예뻐해 주셨다. 마치 그 기회를 놓치지 않겠다는 듯이 아이가 할아버지 할머니에게 "장난감 가게에 가요"라며 손을 잡아끌었다. 그동안 그렇게 남의 집에 데리고 다녀도 생전 장난감 사달라고 조르지 않던 아이가 할아버지에게 그렇게 행동하는 것을 사모님도 그날 처음 봤다. 세 살 아이가 어떻게 자신이 원하는 것을 할아버지 할머니를 통해서 얻을 수 있다고 생각했는지 신기하다.

아이는 매일 밤 "하나님 장난감이 있으면 좋겠어요"라고 기도했는데, 그때 할아버지가 장난감을 사 주시면 아이는 기도를 들어주시는 하나님을 고마운 분이라고 생각할 것이다. 사회심리학자 에릭 에릭슨(Erik Erikson)은 이런 것이 믿음이 되고 살아계신 하나님을 신뢰하는 단계로 발달하게 된다고 했다.

자신감의 동전을 채우는 법

15년쯤 전, 이스라엘의 어느 초등학교에 방문한 적이 있다. 그때 교사(랍비)가 들려준 이야기가 내 기억에 오래 남아 있다.

"아이는 잠을 자러 갈 때 많은 동전을 가슴에 채우고 꿈나라로 갑니다. 어른들은 아이의 가슴에 동전을 채워 줬다가도 가져가고 또 채워 주지만 또 가져가지요. 우리가 아이에게 100점을 주는 것은 가슴에 많은 동전을 주는 것입니다. 아이가 쉬는 시간에 창문에 올라간다고 교사가 소리친다면, 그건 아이 가슴에서 동전을 가져가는 것입니다. 중요한 것은 아이가 자러 갈 때 동전이 마이너스가 되지 않도록 하는 것입니다.

아이가 버스를 타고 시장에 갑니다. 그런데 어느 정거장에서 내려야 하는지 모릅니다. 어떤 아이는 옆에 앉은 아주머니에게 '시장으로 가려면 어디서 내려야 하나요?' 하고 묻습니다. 그런데 어떤 아이는 질문하기를 두려워합니다. 두 아이의 차이는 어디에서 오는 걸까요?

자신감이란 아이의 마음속에 있는 동전의 수와 같습니다. 아이가 학교에 가기 위해 준비하는데 시간이 없어서 바쁘게 허둥지둥하다가 식탁 위에 있는 음료수를 엎지릅니다. 엄마도 닦을 시간이 없습니다. 어떤 엄마는 '도대체 조심성이 있니, 없니? 이게 뭐 하는 짓이야?' 하며 아이를 꾸짖습니다. 그런 행동은 엄마가 아이 가슴에서 50만 개쯤 되는 동전을 빼앗는 것입니다.

오후가 되어 엄마는 생각합니다. '내가 왜 그랬을까. 아이는 그저 학교에 빨리 가려고 하다가 실수한 것인데.' 엄마는 후회하며 아이를 기다립니다. 아이가 돌아왔을 때 엄마가 가볍게 안아 주며 미안하다고 말합니다. 이럴 때 엄마는 아이에게 만 개의 동전을 돌려준 것과 같습니다.

자주 꾸지람을 받은 아이는 의욕과 용기를 잃습니다. 동전이 한 개도 없게 되지요. 공부하기 싫어하는 아이, 의욕을 잃은 아이는 그 아이의 어떠함 때문이 아닙니다. 거기에는 부모의 책임이 더 큽니다."

아버지와 에서에게 큰 실망을 주고 달아나던 야곱이 죄의식으로 돌베개를 베고 무거운 잠을 잘 때 하나님이 동전을 채워 주시려고 오신 창세기 28장의 밤 이야기가 생각난다.

자존감을 높여 주는 말을 해 주자

아이들은 천사가 아니라 마귀의 존재를 더 의식한다. 빈 방에 혼자 있으면 울고 무서워한다. 무의식 속에 귀신, 마귀, 어둠에 대한 공포심이 있어서 그렇다. 강완순 전도사님이 사는 사택에 젊은 엄마가 영아부 아이를 데리고 왔는데, 쥐가 방구석을 살그머니 들락거렸다고 한다. 아이가 "엄마, 전도사님 집에 마귀가 있나 봐요"라고 해서 웃음이 나왔다고 한다. 불을 뿜는 용, 신화에 나오는 괴물, 지옥을 지키는 문지기 개가 나오는 공포 만화를 본 아이들은 더욱 그렇다. 아이들의 생각을 어둠의 영이 지배한다.

그럴 때는 "예수님이 악한 자는 그 입의 기운으로 다 죽이신다고 했어. 너는 예수님의 보호를 받는 그분의 자녀야"라고 말하여 담대함을 심어 주자. 아이가 잘하든 못하든 변함없는 것은 하나님의 자녀라는 사실이다. "성령(탁월한 능력)이 네 안에 있단다. 너는 사탄을 정복할 능력이 있는 아이야. 너는 하나님의 DNA를 받은 아이란다"라고 하여 하나님 안에서의 정체성을 심어 주자. 건강한 자아가 건강한 정체성을 갖게 한다.

"그때에 불법한 자가 나타나리니 주 예수께서 그 입의 기운으로 그를 죽이시고 강림하여 나타나심으로 폐하시리라"(살후 2:8).

자존감을 높이는 말

하나님 가문 출신이요 하나님의 자녀라는 사실은 높은 자존감 (self-esteem)을 형성시켜 준다. "너는 하나님이 우리 가문에 주신 '여호와의 기업'이란다(시 127:3). 네가 태어나기를 얼마나 기다렸는지 아니? 유아 세례 때 너는 아기 천사 같았어. 천사가 우리 품에 날아온 줄 알았어. 하나님이 보내 주셨으니까 잘 키워야지 하고 결심했단다. 여호와를 자기 하나님으로 삼은 나라 곧 하나님의 기업으로 선택된 백성은 복이 있다. 너는 선택된 하나님의 백성이야(시 33:12). 그리스도 안에서 거듭난 새로운 피조물이야"라고 들려주자. 이렇게 하여 형성된 높은 자존감은 가진 것이 없다고 해서 흔들리거나 위축되지 않는다.

죄책감에서 자유하게 하는 말

손자녀가 좌절하고 낙담해 있을 때는 "할머니도 어릴 때 그런 적이 있어. 그런데 회개하면 무슨 죄든지 다 용서받는다고 하셨어"라고 말해 주고 누가복음 17장 4절을 읽어 주자. "더러운 옷은 빨면 되듯이 죄는 털어 버리면 된단다"라고 말해 주고, 아이가 하루 동안 받는 상처, 분노, 증오를 안고 잠들지 않도록 다독여 주자. 잠자기 전에 하나님 앞에 토설(吐說)하는 생활 습관은 중요하다.

영적으로 담대함을 주는 말

손자녀가 걱정과 근심에 싸여 있을 때는 "하나님이 늘 네 곁에서 지켜 주셔"라고 말해 주자(창 28:15 참고). "두려웠구나. 성령 하나님이 너를 항상 지켜 주신다고 하셨으니까 안심해"라고 말해 주고, 시편 121편을 함께 읽자. "할머니는 하나님을 봤어요? 하나님이 어디 계세요? 보이지도 않는데 뭘 믿으래요?"라고 하면 "넌, 마귀를 봤니? 본 적도 없는 마귀를 왜 무서워하니? 사람들이 마귀를 무서워하면서 하나님을 무서워하지 않는 것은 하나님이 좋은 분이니까 그런 거야"라고 말해 주자.

"그런즉 너희는 차라리 그를 용서하고 위로할 것이니 그가 너무 많은 근심에 잠길까 두려워하노라"(고후 2:7).

주눅 들게 해서 자신감을 없애는 말

"떡잎 보면 안다더니, 싹수가 노랗구나."

"너 같은 애도 100점 받는데 그 애가 왜 못 하니?"

"한두 살 먹은 어린애도 아니고, 나이는 어디로 먹었니?"

"내가 너 때문에 못 살아."

"방에 들어가 있어, 꼴도 보기 싫어."

"누굴 닮아서 만날 그 모양이니? 하는 짓이 꼭 네 부모를 닮았구나."

자존감을 떨어뜨리고 열등의식을 갖게 하는 말

"나잇값을 해야지, 형이 되어서 그러면 되니?"

"그러고도 네가 사람이니? 강아지만도 못한 녀석."

"심부름 하나 제대로 못하니? 바보 멍청이구나."

"싹수가 노랗구나."

자율성(창조성)을 해치는 말

"시키는 대로 할 것이지, 무슨 잔말이 그렇게 많아?"

"내가 할게, 이리 내!"

"누구 맘대로 그런 일을 했니?"

"안 된다고 했어, 안 했어?"

"어디서 말대꾸야?"

"저리 가, 내가 치울게!"

불안, 공포로 움츠러들게 하는 말

"다시는 너하고 안 놀아 줄 거다."

"다신 너 보러 오지 않을 거야."

"내가 죽어야 이 꼴 저 꼴 안 보지."

"삼촌(아이가 무서워하는) 집으로 보내 버려야지."

과잉보호로 심적 부담을 주는 말

"다 너를 위해서 그러는 거야."

"내가 안 먹고 너 주는 거야."

"누가 더 좋아? 누가 준 건지 알아?"

"나는 네 사촌 아무개보다 네가 더 좋다."

정죄하여 죄의식으로 근심하게 하는 말

"신경질 마귀가 네 속에 들어갔나 보다."

"하나님이 너 같은 애에게 복 주실 것 같니?"

"너 하나님에게 벌 받는다."

"너 또 죄지었지? 얼굴에 다 써 있다."

chapter 14

엠지세대와 잘 지내기

다른 세상에서 온 사람 같다는 말을 듣지 않으려면

어느 시대나 세대 차는 있기 마련이고 세대 간에 공감력이 다른 것은 피할 수 없는 현상이다. 급속도로 발전하는 변화의 물결, 현대의 교육 과정, 문화, 행동, 가족 해체 등으로 가치관뿐 아니라 일상 언어에서도 소통이 어려워지고 있다. 세대 차의 간격도 점점 짧아지고 있다. 요즘 아이들의 세계관을 이해하고 잘 지내려면 그들의 세상을 알아야 한다.

"[12] 총각과 처녀와 노인과 아이들아 [13] 여호와의 이름을 찬양할지어다…"(시 148:12-13).

엠지(MZ)세대라는 말을 들어 봤을 것이다. 1980~2000년대 출생한 밀레니얼(millennials)세대와 1990년대 중반~2000년대 초에 출생한 제트세대(zeneration Z)를 통칭하는 말이다. 이들은 디지털 환경에 익숙하고 남과 다른 트렌드로 이색적인 경험을 추구하는 특징이 있다. 영끌 세대(영혼을 끌어 모은 세대), 디지털 네이티브(디지털 원주민)라고도 한다. 2019년 통계청에 의하면 엠지세대는 우리나라 전체 인구 중에 33.7퍼센트나 된다고 하니, 많긴 많다.

엠지세대들에게 조부모에 대해 이야기해 보라고 하면 가장 많이 나오는 대답이 "할머니는 딴 세상에서 온 사람 같아요. 말이 안 통해요"다. 그런데 그것 아는가? 조부모도 마찬가지다. 조부모는 손자녀의 말이며 행동 모든 것이 마치 외계에서 온 생명체처럼 낯설다.

이번 장에서는 엠지세대를 이해해 보는 노력을 해 보고자 한다. 그러기 위해 아래 나열한 항목을 읽어 보고 '그렇다'고 생각하는 부분에 체크해 보자.

1) 따뜻한 밥에 찌개나 국이 있어야 먹은 것 같다. 빵은 간식이다.

( )

2) 남은 음식 보관했다가 데워서 다시 먹는다.   ( )

3) 찬밥 선호하고, 칼로리 낮은 음식, 군것질을 좋아한다.   ( )

4) 날짜 지난 식품은 여지없이 폐기한다.   ( )

5) 유통기간이 지난 식품도 아까워서 먹는다.   ( )

6) 책, TV, 컴퓨터를 선호한다. ( )

7) 스마트폰, 동영상 콘텐츠를 즐긴다. ( )

8) 내 집, 내 명의의 자동차를 원한다. ( )

9) 가구나 가전도 빌려서 쓰고(렌트), 편리 위주로 산다. ( )

10) 새치기, 밀치기, 무단 횡단에 거리낌이 없다. ( )

11) 말대꾸를 하면 '건방지게 할 말 다 하네. 예의가 없군' 하고 ( )
생각하게 된다.

12) 선배 제치고 나이 어린 후배가 승진할 수 있다고 생각한다.

( )

13) 뭘 하든 간섭하지 않는다. ( )

에코세대라는 말도 있다. 1979~1997년에 태어난 세대다. 전쟁 후 대량 출산이라는 반사작용이 마치 메아리 같다고 해서 이름 붙었다. 그 밖에 1955년 이전 세대와 베이비붐 세대(1955~1963)까지 통틀어 기성세대라고 한다. 위 항목에서 1, 2, 5, 6, 8, 10, 11이 기성세대의 사고방식이다. 나머지는 엠지세대의 특징이니 잘 기억해 두고 이해 해 보도록 하자.

이번에는 세대 차를 계산해 보자. 손자녀와 조부모 사이 나이 차 를 셈해 보는 것이다.

조부모의 현재 나이 _____세 (_____년도 출생)

손자녀의 현재 나이 _____세 (_____년도 출생)

조부모 나이 - 손자녀 나이 = _____세

이번에는 각 해당 출생년도의 생활, 문화는 어땠는지 생각해 보자. 조부모의 어린시절과 손자녀의 생활상을 비교해 보는 것이다. 다음의 문항을 읽고 간단하게 적어 보자.

1) 학교 다닐 때 어떤 과목을 잘하셨나요?

2) 여러분은 어디에서 태어났나요?

3) 태어나서 자동차 타고 다녔나요?

4) 어릴 때 스마트폰이 있었나요?

5) 부모님과 놀이공원에 놀러 간 적 있나요?

6) 몇 살에 비행기를 처음 탔나요?

7) 태어났을 때 홈쇼핑이 있었나요?

8) KTX가 있었나요?

9) 은행에 가지 않고도 집에서, 또는 길에서 은행 업무를 볼 수 있었나요?

10) 먼 데 사는 이웃에게 소식을 전하려면 어떻게 했나요?

11) 최근 우체국에 간 적이 있나요?

12) 버스를 탈 때 무엇을 내고 타나요?

13) 최근에 검표원을 만난 적이 있나요?

1850년에는 마차가 시속 6.4킬로미터로 달렸는데, 지금은 자동차가 시속 100킬로미터 이상을 달린다. 그뿐인가. 공기 저항 없이 시속 6,000킬로미터로 달리는 진공 열차가 2013년에 이미 선을 보였다. 1522년 마젤란이 지구를 한 바퀴 도는 데 3년이 걸렸다는데, 이제는 며칠이면 가능하다. 사실 어디 갈 필요도 없다. 방에 앉아 구글어스로 골목 이곳저곳을 샅샅이 뒤져 볼 수 있다. 우리의 증조할아버지들은 대부분이 자기가 태어난 곳에서 100리 이내에서 살다가 죽었다고 하는데, 정말 놀랍지 않은가. 옛날 사람들은 자기 주위 세상에 대해 조금밖에 알지 못했다. 배 타고 나라 밖을 나간다는 것은 죽으러 가는 것과 다르지 않았다. 그런데 지금은 나로호가 하루에 지구 열네 바퀴를 돈다.

시대는 변한다. 변화의 속도는 갈수록 빨라진다. 겉모양만 변하는 것이 아니다. 사람의 생각도 가치관도, 사회의 이념도 이데올로기도 변한다. 그러나 어제나 오늘이나 변하지 않는 것이 있다. 우리는 그것을 붙들어야 한다. 바로 말씀과 신앙이다. 왜 이렇게 시대가 빨리 변하는 거냐고, 말세라고 혀를 차지 말자. 변하지 않는 말씀으로 손자녀와 한자리에 앉아 보자. 비록 살아온 시대와 가치관이 다르더라도 말씀 앞에 서면 우리는 다 하나님의 자녀로 동등해진다.

"[8] 예수 그리스도는 어제나 오늘이나 영원토록 동일하시니라 [9] 여러 가지 다른 교훈에 끌리지 말라…"(히 13:8-9).

요즘 아이들은 위생에 민감하다

중등부 아이들에게 "얘들아, 할아버지 할머니가 제일 고쳤으면 하는 게 뭐니?"라고 물으면 대부분 위생 문제를 든다. 할머니가 차려 주는 밥이 먹기 싫다는 것이다. 어떤 아이는 할머니가 주신 국에 작은 벌레가 빠져 있어 이야기하자 수저로 슬쩍 건져내고는 다시 주시더란다. 어떤 할머니는 오래되어 맛이 조금 달라진 갈비탕을 손자녀 오면 주려고 아끼다 그랬다면서 억지로 먹으라고 하더란다. 물자가 귀하고 배고픈 시대를 사신 베이비붐 세대는 레위기 11장에 있는 '하나님의 설거지 강연'을 꼭 읽기 바란다.

"그 고기를 토기에 삶았으면 그 그릇을 깨뜨릴 것이요 유기에 삶았으면 그 그릇을 닦고 물에 씻을 것이며"(레 6:28).
"³³ 그것 중 어떤 것이 어느 질그릇에 떨어지면 그 속에 있는 것이 다 부정하여지나니 너는 그 그릇을 깨뜨리라 ³⁴ 먹을 만한 축축한 식물이 거기 담겼으면 부정하여질 것이요 그같은 그릇에 담긴 마실 것도 부정할 것이며 ³⁵ 이런 것의 주검이 물건 위에 떨어지면 그것이 모두 부정하여지리니 화덕이든지 화로이든지 깨뜨려버리라 이것이 부정하여져서 너희에게 부정한 것이 되리라"(레 11:33-35).

아래의 조항들을 참고하자.

1) 설거지 통, 밥그릇, 수저를 깨끗이 닦는다. Clean up!
2) 행주는 자주 새것으로 바꾼다. Change up!
3) 하품, 트림, 방귀가 나오면 즉시 "실례합니다"라고 말한다. Manner up!
4) 식사 중에는 수시로 냅킨을 들어 입 주변을 닦는다. Check up!

쓰지도 않으면서 쌓아둔 옷, 이불, 그릇, 냄비, 벽걸이, 가방 등을 버리자. 비난, 분노, 열등감, 원망, 섭섭함 같은 속상한 감정, 미련을 털어 버리자. 자식, 며느리, 자신에 대한 기대, 고정관념을 버리자. 몸과 영혼을 더럽히고 망가뜨리는 죄는 그날그날 털어 버리고 홀가분하게 자자.

물론 손자녀들이 명심해야 할 것도 있다. 손자녀 세대는 워낙 부족한 것 없이 자라왔기 때문에 아까운 줄 모르고 버린다. 밥 한 톨에 농부들의 고혈이 들어 있는 것을 아는가. 쌀 한 톨을 익히기 위해서 하나님은 바람, 비, 빛을 동원하신다. 할아버지, 할머니의 검소하고 아끼는 생활을 받들고 본받아야 할 것이다.

건강한 성교육이 필요하다

여러 해 전 일이다. 가르치던 학생으로부터 전화를 받았다. 그는 교회학교에서 교사로 봉사하고 있었는데, 성경학교를 계획하다가 어르신들의 꾸지람을 들었단다. 그해 성경학교 주제가 '우리 몸은 하나님의 성전이에요'였는데, 여기에 '성경에서 말하는 성교육' 강의가 포함되어 있었다. 그런데 남녀칠세부동석 시대를 살던 어르신들이 이걸 보고 "나 때는 성경에서 말하는 간음의 '간'자도 모르며 자랐는데, 아직 어린애들에게 무슨 성교육이야? 그것도 교회에서!"라며 노발대발 난리가 났다는 것이다.

요즘 우리 아이들은 영양 공급이 충분하고 환경도 좋아서 체격도 좋고 성장이 눈에 띄게 빠르다. 문제는 인터넷의 보급화로 정보가 무분별하게 쏟아지면서, 성문화 역시 빠르게 개방되고 있다는 것이다. 그러는 와중에 어른들은 그저 쉬쉬할 뿐 건강한 성교육을 해 주지 못한다. 요즘 성폭행이나 성추행 문제가 초등학생들 사이에서도 심심찮게 일어난다. 이런 시대에 무조건 감추고 가둬 놓는 것은 어쩌면 아이들을 무분별한 성문화에 방치하는 것과 같다. '거룩, 거룩' 외치는 것만으로는 우리 아이들을 지킬 수 없다.

착한 애였는데 얘가 왜 이래?

다 큰 손자녀의 속을 통 모르겠다. 무슨 생각을 하는지, 아이가 왜 그런 말과 행동을 하는지 답답하다. 이것을 단순히 세대 차라고 푸념할 게 아니다. 이것은 호르몬의 변화 때문이다.

남자아이는 열 살 정도가 되면 생식샘인 고환을 자극하여 정자 생산을 촉진하는 테스토스테론이라는 호르몬을 분비하기 시작한다. 이 공격성 호르몬은 사춘기를 지나면서 갑자기 대량 쏟아져 나온다. 테스토스테론 농도가 높아지면 급격한 성장과 신체 변화가 일어난다. 급성장 중에 가장 큰 변화는 성기가 커지는 것이다. 10대 소년 때 생식기관과 관련하여 테스토스테론이 갑자기 대량 분비되는 현상이 공격성이 증가하는 것과 관련이 있다고 의학자들은 분석한다. 테스토스테론은 사춘기 때 폭발적인 성장을 일으킨 후 성장판이 닫히면서 줄어든다. 성장이 끝났음을 알리는 것이다. 남성은 여성과 비교하면 사춘기가 늦게 시작하는 덕분에 성장할 수 있는 시간이 조금 더 있다.

여자아이는 남자아이보다 조숙하다. 신체 성숙도가 1년 정도 빠른 편이다. 사춘기가 되면 여자아이들은 가슴이 봉긋해지기 시작한다. 뽀얀 얼굴에 여드름도 송송 솟아오른다. 이 무렵 아이들은 외모에 관심이 커지는데, '우리 손녀딸이 숙녀가 되는구나'라고 생각하고 넌지시 청소년용 세안 비누(클렌징품 또는 오일), 피부관리 제품(스킨, 로션) 등을 선물하면 좋다. 아이의 취향에 맞는 것을 고르는 것이 좋지만, 그게 어려울 때는 "할머니하고 쇼핑할까?"라고 의사를 묻고 데리고 나가서 슬쩍 화장품 매장에 들러 보자. 손녀딸이 직접 마음에 드는 것을 고르도록 기다려 주는 것도 잊지 말자. 초경을 시작하고 음모가 나기 시작하면 '키를 키우는 성장 여유분이 5~7센티미터 정도 남았구나'라고 보면 된다. 예민해지고 신경이 날카로워지며 피로감을 빨리 느껴서 틈나면 누워 있으려고 한다. '무슨 고민이 있니? 시험 성적 떨어졌구나'라며 넘겨짚거나 다그치지 말아야 한다.

첫 월경을 시작한 손녀를 위한 감사 기도

"사랑스러운 손녀 ○○(이)의 신체를 열어서 첫 월경을 시작하게 하신 창조주 우리 하나님, 생명을 창조하는 여인의 몸으로 성숙하게 하시고 어머니 될 준비를 시작하게 하신 하나님을 찬양합니다. ○○(이)의 월경이 규칙적인 주기를 어기지 않게 하시고 괴로움과 불편함도 잘 감수하게 하시고 감정을 잘 다스리는 인내심을 주옵소서. 하나님이 여인에게 주신 월경이라는 이 특권에 감사하게 하옵소서. 폐경이 되는 나이에 이르기까지 그 빛이 청청하게 하시고 이 딸로 인하여 하나님의 백성이 세상에 번성케 하옵소서. 예수님의 이름으로 기도드립니다. 아멘."

성대에 변화가 오고
성기에 털이 나기 시작한 손자를 위한 기도

"사랑스러운 손자 ○○(이)의 신체를 남성의 몸으로 거듭나게 하시는 하나님을 찬양합니다. 창조주 하나님을 닮아서 세상에는 없는 새로운 생명을 창조해 내시려고 건강한 성인의 몸으로 변화시켜 주시는 우리 주 하나님, 호르몬의 분출과 놀랍도록 변화하는 신체에 당황하지 않고 몸과 마음의 균형이 깨지지 않게 하옵소서. 생명을 창조하는 창조자가 되라는 이 엄청난 축복을 겸허히 받아들이게 하소서. 온전히 하나님을 경외하는 성인의 길로 인도하소서. 예수님의 이름으로 기도드립니다. 아멘."

엠지세대와 함께하는 성경 수독 게임

엠지세대 특징 중 하나가 재미와 간편함을 추구하는 게임을 즐긴다는 것이다. 함께할 수 있는 게임을 익혀 보자.

수독(數獨) 게임은 5세~99세까지 연령과 세대를 뛰어넘어 함께 즐길 수 있는 게임이다. '수독'이란 '혼자 있는 수' '겹치는 숫자 없이'라는 뜻이다. 원리는 스위스의 레온하르트 오일러(Leonhard Euler)가 만든 라틴 방진(정사각 행렬)이다. 여기에서 아이디어를 얻은 미국의 건축자 하워드 간즈(Howard Garns)가 '넘버 플레이스'라는 이름으로 1부터 9까지의 숫자를 가로줄, 세로줄에 중복되지 않게 넣는 게임을 개발했다(1979년). 그것을 일본의 퍼즐 잡지사를 운영하던 카지 마키가 '수도쿠'라는 이름의 상품으로 출시해서 유명해졌다.

수독 게임에 성경 속 이름을 사용해 보자. 책 이름, 인물 이름, 왕 이름, 제자 이름, 지명 등을 활용한다. 언어는 우리의 의식, 기억이라는 저장소에 있는 것을 표현하는 가장 기본적인 표현 방법이다. 성경의 단어, 사건, 인물, 이야기를 게임으로 만들면 오랫동안 기억에 남는다. 거기에 집중력, 사고력, 논리력이 발달한다. 정해진 답을 찾아야 하므로 안정된 사고 또한 할 수 있다.

인생도 마찬가지다. 인생의 모든 문제는 수독 게임처럼 하나님이 이미 정해 둔 범위에서 답을 찾는 것이다.

게임 원리

1) 각행과 열에 사용 단어(숫자)를 꼭 한 번씩만 들어가게 한다.

2) 행과 열에 같은 단어나 숫자가 중복되지 않게 넣는다.

3) 사용 단어 안에서 답을 찾는다.

4) 게임이 익숙해지면 번호를 없애고 사용 단어만으로 빈칸 채우기를 한다.

5) 제시한 문제를 잘 풀면 창의적으로 문제를 만들어서 같이 풀어 본다. 예를 들면, 선한 왕들의 이름, 예수님 제자들의 이름, 성경의 지명 등으로 문제지를 만들고 그들의 사적을 이야기한다.

게임 1)

사용 단어 – 1 마태복음, 2 마가복음, 3 누가복음, 4 요한복음

문제지)

	1 마태복음		3 누가복음
4 요한복음			
			2 마가복음
1 마태복음		3 누가복음	

게임 2)

사용 단어 – 다윗, 사무엘, 엘리야, 에스겔

문제지)

	사무엘		
엘리야			다윗
			에스겔
에스겔		다윗	

게임 3)

사용 단어 - 1 창세기, 2 출애굽기, 3 레위기, 4 민수기, 5 신명기, 6 십계명

문제지)

3 레위기			2 출애굽기		1 창세기
	1 창세기	4 민수기		3 레위기	
	2 출애굽기	3 레위기		1 창세기	
5 신명기		1 창세기	3 레위기	2 출애굽기	6 십계명
1 창세기	6 십계명		4 민수기		3 레위기
	3 레위기	5 신명기	1 창세기	6 십계명	

게임 4)

사용 단어 - 1 창세기, 2 출애굽기, 3 레위기, 4 민수기, 5 신명기, 6 여호수아,
7 사사기, 8 룻기, 9 사무엘

문제지)

			9 사무엘		6 여호수아		3 레위기	4 민수기
4 민수기	3 레위기			8 룻기		6 여호수아		
2 출애굽기		6 여호수아	3 레위기	7 사사기	4 민수기		9 사무엘	
		5 신명기		1 창세기		2 출애굽기	4 민수기	6 여호수아
8 룻기		7 사사기		6 여호수아	2 출애굽기			9 사무엘
		4 민수기	5 신명기		3 레위기	7 사사기	1 창세기	8 룻기
1 창세기		3 레위기	6 여호수아		7 사사기	9 사무엘		2 출애굽기
	6 여호수아	8 룻기	2 출애굽기	5 신명기	1 창세기			
	4 민수기		8 룻기	3 레위기		5 신명기		1 창세기

답안지

게임 1)

2 마가복음	1 마태복음	4 요한복음	3 누가복음
4 요한복음	3 누가복음	2 마가복음	1 마태복음
3 누가복음	4 요한복음	1 마태복음	2 마가복음
1 마태복음	2 마가복음	3 누가복음	4 요한복음

게임 2)

다윗	사무엘	에스겔	엘리야
엘리야	에스겔	사무엘	다윗
사무엘	다윗	엘리야	에스겔
에스겔	엘리야	다윗	사무엘

게임 3)

3 레위기	5 신명기	6 십계명	2 출애굽기	4 민수기	1 창세기
2 출애굽기	1 창세기	4 민수기	6 십계명	3 레위기	5 신명기
6 십계명	2 출애굽기	. 3 레위기	5 신명기	1 창세기	4 민수기
5 신명기	4 민수기	1 창세기	3 레위기	2 출애굽기	6 십계명
1 창세기	6 십계명	2 출애굽기	4 민수기	5 신명기	3 레위기
4 민수기	3 레위기	5 신명기	1 창세기	6 십계명	2 출애굽기

게임 4)

5 신명기	7 사사기	1 창세기	9 사무엘	2 출애굽기	6 여호수아	8 룻기	3 레위기	4 민수기
4 민수기	3 레위기	9 사무엘	1 창세기	8 룻기	5 신명기	6 여호수아	2 출애굽기	7 사사기
2 출애굽기	8 룻기	6 여호수아	3 레위기	7 사사기	4 민수기	1 창세기	9 사무엘	5 신명기
3 레위기	9 사무엘	5 신명기	7 사사기	1 창세기	8 룻기	2 출애굽기	4 민수기	6 여호수아
8 룻기	1 창세기	7 사사기	4 민수기	6 여호수아	2 출애굽기	3 레위기	5 신명기	9 사무엘
6 여호수아	2 출애굽기	4 민수기	5 신명기	9 사무엘	3 레위기	7 사사기	1 창세기	8 룻기
1 창세기	5 신명기	3 레위기	6 여호수아	4 민수기	7 사사기	9 사무엘	8 룻기	2 출애굽기
9 사무엘	6 여호수아	8 룻기	2 출애굽기	5 신명기	1 창세기	4 민수기	7 사사기	3 레위기
7 사사기	4 민수기	2 출애굽기	8 룻기	3 레위기	9 사무엘	5 신명기	6 여호수아	1 창세기

부록

1. 백일 축복 말씀 카드

1) ¹⁶ 그의 오른손에는 장수가 있고 그의 왼손에는 부귀가 있나니 ¹⁷ 그 길은 즐거운 길이요 그의 지름길은 다 평강이니라(잠 3:16-17).

----

2) 섬들아 내게 들으라 먼 곳 백성들아 귀를 기울이라 여호와께서 태에서 부터 나를 부르셨고 내 어머니의 복중에서부터 내 이름을 기억하셨으며 (사 49:1).

----

3) ³ 야곱의 집이여 이스라엘 집에 남은 모든 자여 내게 들을지어다 배에서 태어남으로부터 내게 안겼고 태에서 남으로부터 내게 업힌 너희여 ⁴ 너희가 노년에 이르기까지 내가 그리하겠고 백발이 되기까지 내가 너희를 품을 것이라 내가 지었은즉 내가 업을 것이요 내가 품고 구하여 내리라 (사 46:3-4).

----

4) 네 장막터를 넓히며 네 처소의 휘장을 아끼지 말고 널리 펴되 너의 줄을 길게 하며 너의 말뚝을 견고히 할지어다(사 54:2).

----

5) 이는 네가 좌우로 퍼지며 네 자손은 열방을 얻으며 황폐한 성읍들을 사람 살 곳이 되게 할 것임이라(사 54:3).

----

6) 내가 그를 장수하게 함으로 그를 만족하게 하며 나의 구원을 그에게 보이리라 하시도다(시 91:16).

7) 이 하나님은 영원히 우리 하나님이시니 그가 우리를 죽을 때까지 인도하시리로다(시 48:14).

8) 여호와를 경외하며 그의 길을 걷는 자마다 복이 있도다(시 128:1).

9) 네가 네 손이 수고한 대로 먹을 것이라 네가 복되고 형통하리로다(시 128:2).

10) 그가 네 문빗장을 견고히 하시고 네 가운데에 있는 너의 자녀들에게 복을 주셨으며(시 147:13).

11) 네 경내를 평안하게 하시고 아름다운 밀로 너를 배불리시며(시 147:14).

12) 또 임신하지 못하던 여자를 집에 살게 하사 자녀들을 즐겁게 하는 어머니가 되게 하시는도다 할렐루야(시 113:9).

13) 내가 모태에서부터 주를 의지하였으며 나의 어머니의 배에서부터 주께서 나를 택하셨사오니 나는 항상 주를 찬송하리이다(시 71:6).

14) 오직 주께서 나를 모태에서 나오게 하시고 내 어머니의 젖을 먹을 때에 의지하게 하셨나이다(시 22:9).

15) 내가 날 때부터 주께 맡긴 바 되었고 모태에서 나올 때부터 주는 나의 하나님이 되셨나이다(시 22:10).

2. 돌잡이 말씀 카드

1) 이는 나를 사랑하는 자가 재물을 얻어서 그 곳간에 채우게 하려 함이니라(잠 8:21).

----

2) 부귀가 내게 있고 장구한 재물과 공의도 그러하니라(잠 8:18).

----

3) ¹⁰ 여호와는 말의 힘이 세다 하여 기뻐하지 아니하시며 사람의 다리가 억세다 하여 기뻐하지 아니하시고 ¹¹ 여호와는 자기를 경외하는 자들과 그의 인자하심을 바라는 자들을 기뻐하시는도다(시 147:10-11).

----

4) 네 모든 자녀는 여호와의 교훈을 받을 것이니 네 자녀에게는 큰 평안이 있을 것이며(사 54:13).

----

5) 의인의 아비는 크게 즐거울 것이요 지혜로운 자식을 낳은 자는 그로 말미암아 즐거울 것이니라(잠 23:24).

----

6) 네 부모를 즐겁게 하며 너를 낳은 어미를 기쁘게 하라(잠 23:25).

----

7) 여호와를 경외하는 자에게는 견고한 의뢰가 있나니 그 자녀들에게 피난처가 있으리라(잠 14:26).

----

8) 내가 내 자녀들이 진리 안에서 행한다 함을 듣는 것보다 더 기쁜 일이 없도다(요삼 1:4).

9) 나의 하나님이 그리스도 예수 안에서 영광 가운데 그 풍성한 대로 너희 모든 쓸 것을 채우시리라(빌 4:19).

10) 너희에게 아버지가 되고 너희는 내게 자녀가 되리라 전능하신 주의 말씀이니라 하셨느니라(고후 6:18).

11) ² 네 아버지와 어머니를 공경하라 이것은 약속이 있는 첫 계명이니 ³ 이로써 네가 잘되고 땅에서 장수하리라(엡 6:2-3).

12) 그 어린아이들을 안고 그들 위에 안수하시고 축복하시니라(막 10:16).

13) ²⁴ 여호와는 네게 복을 주시고 너를 지키시기를 원하며 ²⁵ 여호와는 그의 얼굴을 네게 비추사 은혜 베푸시기를 원하며 ²⁶ 여호와는 그 얼굴을 네게로 향하여 드사 평강 주시기를 원하노라 할지니라 하라(민 6:24-26).

14) 일어나 아이를 일으켜 네 손으로 붙들라 그가 큰 민족을 이루게 하리라 하시니라(창 21:18).

15) 아기가 자라며 강하여지고 지혜가 충만하며 하나님의 은혜가 그의 위에 있더라(눅 2:40).

3. 악보

대대손손 주제가

AR

율동

이영희, 2019

나-는 - 손자손녀의 신앙교육사명자

나-는 - 손자손녀를 축복하는사명자

대대손 - 자자손 말씀축복 사명자

나-는 - 후손에게 예수믿음전 한 다

예수사랑전 한 다

*예수 구원, 예수 복음, 예수 은혜

가문의 축복송

AR

율동

이영희, 2019

이 - 아이로 인하여우리가 문이 복을 누리고

이 - 아이로 인하여우리가 문이 대대손-손

번영하게하소 서 예수님 안 에 서

주만경외하게하소서 주님 오실 때 까 지

대대손손 축복송

AR   율동

이영희, 2019

대 대 손 손 예 수 님 이 오 실 때 까 지
자 자 손 손 예 수 님 이 오 실 때 까 지

대 대 손 자 자 손 - 우 리 가 문 이
복 을 받 아 번 영 하 게 하 소 서
하 나 님 을 경 외 하 게 하 소 서

따로 따로 까꿍

AR

율동

이영희, 2023

오 른발 왼 발 따 로   왼 발 오른 발 따 로
오 른발 왼 발 까 꿍   왼 발 오른 발 까 꿍

두 손 두 발 따 로   따 로 따 로
두 손 두 발 까 꿍   까 꿍 까 꿍

백일 축복송

이영희, 2018

백일 축복 합 니 다　축 복 합 니 다　축복해요!
예 수 이 름 으 - 로　축 복 합 니 다　축복해요!

아 가 야　몸 도 튼 튼
아 가 야　하 늘 은 충

맘 도 튼 튼 히　자 라 거 라
듬 뿍 듬 - 뿍　받 - 아 라

참고 도서

1. 윤지영, 장현순, 박미경, "손자녀 양육교실"(강의안), 예터지기 행복학습센터 광명시 평생학습원, 2019.

2. 이영희, 《유대인 임신 출산의 비밀》, 숨북스, 2016.

3. _____, 《공부습관, 3세부터 확실히 잡아라》, 몽당연필, 2014.

4. 설은주, 안미영, 《하나님과 함께하는 행복한 노년의 여정》, 샬롬, 2013.

5. 박상철, 《당신의 백년을 설계하라》, 생각속의집, 2012.

6. 마더 테레사, 앤서니 스턴 엮음, 이해인 옮김, 《모든 것은 기도에서 시작됩니다》, 황금가지, 1999.

7. 조셉 텔루슈킨, 김무겸 옮김, 《유대인의 상속 이야기》, 북스넛, 2014.

8. R. Moshe Weissman, *The Midrash says*, Vayikra, 2015.

9. 조셉 텔루슈킨, 김무겸 옮김, 《승자의 율법》, 북스넛, 2010.

10. _____, "*Understanding bereavement and grief*", 1994. 재인용.

11. 다니엘 라핀, 김재홍 옮김, 《부의 비밀》, 씨앗을뿌리는사람, 2006.

12. 마빈 토케이어, 박현주 옮김, 《왜 유대인인가》, 스카이, 2014.

13. SBS스페셜 격대교육 제작팀, 《격대 육아법의 비밀》, 경향미디어, 2013.

14. 이상구, "첨단의학과 뉴스타트, 의학칼럼", 2022. 3. 21.

15. 2020 조부모 교육자료, 서울시 교육청.

16. 심리과학저널 〈*Psychological Science*〉

17. "신앙심과 장수의 함수관계" 한국경제신문, 2017. 11. 1.